JOURNAL

ET

CORRESPONDANCE

IMPRIMERIE J. CLAYE
RUE SAINT-BENOIT 7
LABOR
PARIS

JOURNAL

ET

CORRESPONDANCE

DE

ANDRÉ-MARIE AMPÈRE

PARIS

IMPRIMERIE DE J. CLAYE

RUE SAINT-BENOIT

1869

A MA PETITE FILLE

H. Ch.

En 1837. M. Sainte-Beuve fit paraître
dans la *Revue des Deux Mondes* le portrait
d'André-Marie Ampère.

A ce portrait, Jean-Jacques Ampère donnait une approbation qui allait jusqu'à la
reconnaissance. En 1843. imprimant la
seconde partie d'un ouvrage de son père
(l'*Essai sur la philosophie des sciences*), il dé-
sira reproduire en tête de ce livre pos-
thume la notice qu'il se plaisait à qualifier
de petit chef-d'œuvre. « Jamais, écrivait-
il alors. en parlant de l'éminent critique,
jamais peut-être la finesse de sa touche.

a

et cette délicatesse exquise de sentiment qui le fait pénétrer dans les organisations d'élite ne se sont mieux montrées que dans ces pages où il a esquissé l'âme, le caractère, la vie intérieure de celui qui fut aussi tendre, aussi bon, aussi simple qu'il était grand. »

M. Sainte-Beuve avait connu intimement le savant universel, le mathématicien-poëte ; à ce souvenir vivant vint s'ajouter l'examen de précieux documents, trésor d'un fils, comme il le dit lui-même. Journal, notes, correspondances, rassemblés sous ses yeux. l'aidèrent à achever son étude.

En face de ce monceau de papiers poudreux, rognés, déchirés. *blasonnés de figures algébriques* [1], le biographe cherche, fouille, choisit et s'exprime ainsi :

« Je trouve sur une feuille dès longtemps jaunie ces lignes tracées ; en les transcrivant

1. Expression de M. Sainte-Beuve.

je ne me permets point d'en altérer un seul
mot, non plus que pour toutes les citations
qui suivront :

« Le jeune homme disait (c'est André
« qui parle) : Parvenu à l'âge où les lois
« me rendaient maître de moi-même, mon
« cœur soupirait tout bas de l'être encore.
« Libre et insensible jusqu'à cet âge, il
« s'ennuyait de son oisiveté; élevé dans une
« solitude presque entière, l'étude et la
« lecture, qui avaient fait si longtemps
« mes plus chères délices, me laissaient
« tomber dans une apathie que je n'avais
« jamais ressentie, et le cri de la nature
« répandait dans mon âme une inquiétude
« vague et insupportable. Un jour que je
« me promenais après le coucher du soleil
« le long d'un ruisseau solitaire... »

« Que vit-il le long de ce ruisseau? reprend M. Sainte-Beuve. Un autre cahier
complet de souvenirs ne nous laisse point

en doute, et sous le titre : *Amorum,* contient, jour par jour, toute une histoire
naïve de ses sentiments, de son amour,
de son mariage, et va jusqu'à la mort de
l'objet aimé. Qui le croirait? ou plutôt, en
y réfléchissant, pourquoi n'en serait-il pas
ainsi? Ce savant que nous avons vu chargé
de pensées et de rides, et qui semblait n'a-
voir dû vivre que dans le monde des nom-
bres, il a été un énergique adolescent: la
jeunesse aussi l'a touché, en passant, de
son auréole; il a aimé; il a pu plaire; et
tout cela, avec les ans, s'était recouvert,
s'était oublié; il se serait peut-être étonné
comme nous s'il avait retrouvé, en cherchant quelque mémoire de géométrie, ce
journal de son cœur. ce cahier d'*Amorum*
enseveli.

« Jeunesse des hommes simples et purs.
jeunesse du vicaire Primerose et du pas-
teur Walter. revenez à notre mémoire pour

faire accompagnement naturel et pour sourire avec nous à cette autre jeunesse! Si
Euler ou Haller ont aimé, s'ils avaient
écrit dans un registre leurs journées
d'alors, n'auraient-ils pas souvent dit
ainsi? »

En cet endroit se placent des citations
de prose et de vers que nous retrouverons
plus loin; puis le biographe ajoute :

« Ainsi, celui que nous avons vu distrait
bien souvent comme La Fontaine, s'essayait
alors, jeune et non sans poésie, à des rimes
galantes et tendres :

Mistis carminibus non sine fistula.

« Mais le plus beau jour de ces saisons
amoureuses nous est assez désigné par une
inscription plus grosse sur le cahier : *Lundi,
3 juillet (1797)*. Voici l'idylle complète, telle
qu'on la pourrait croire traduite d'*Her-
mann et Dorothée.* »

Et là encore, une page est empruntée au registre de l'amoureux avant d'arriver à la correspondance du mari.

Frappés de la sympathie attendrie, souvent admirative, exprimée par un tel maître, heureux de sauver de l'oubli ces témoignages d'amour vrai et de dévouement, nous avons eu l'idée de livrer à ceux qu'une pareille lecture saurait intéresser le journal tout entier et la plus grande partie des lettres d'Ampère, le laissant ainsi lui-même compléter le touchant récit de sa jeunesse, que M. Sainte-Beuve n'avait voulu qu'ébaucher.

En regard des lettres d'André, pouvait-on ne pas mettre les réponses de sa femme, qui prouvent à quel point elle méritait d'être aimée? Cédant aussi à une autre tentation, nous avons groupé autour de notre principal personnage plusieurs membres de la famille Carron qui était devenue

la sienne : l'éclat d'une immortelle renommée donne du prix aux vertus qui vivent
sous son reflet, toutes modestes qu'elles
soient.

Enfin, pourquoi ne pas avouer un sentiment dont nous n'avons pu nous défendre? Il nous a semblé doux de faire arriver jusqu'à une jeune âme qui nous est
bien chère les parfums délicats et salutaires
qui s'exhalent de l'âme de Julie, et d'y
graver en traits durables un nom qui doit
vivre dans sa mémoire comme dans la
nôtre.

22 juillet 1869.

JOURNAL

ET

CORRESPONDANCE

MADELEINE.

C'est encore et toujours à toi que je pense
en tirant de la poussière des feuilles jaunies,
abîmées par le temps, qui renferment l'histoire
de deux cœurs unis un instant sur la terre.

Je veux mettre sous tes yeux une courte
phase de la vie d'un homme célèbre, et te
parler aussi de la douce créature qui fut sa
compagne, l'amie, la conseillère, pour ainsi
dire, l'ange gardien de sa pure jeunesse.

Cette lecture n'aura pas besoin de longs
commentaires pour exciter ton émotion respec-
tueuse ; elle t'offrira parfois l'attrait d'un roman
naïf mêlé à la pratique de bien des vertus, tu

y verras l'alliance rare de la simplicité vraie et de l'intelligence transcendante, d'une sensibilité profonde et du génie, tu apprécieras cette tendresse fidèle et dévouée jusqu'à l'abnégation, qui se traduit non par des paroles, mais par des travaux laborieux et constants, des privations de tout genre, cet amour qui ne s'émousse jamais aux vicissitudes d'une maladie persistante et difficile à soigner, qui s'accroît, au contraire, avec les sacrifices et les embarras matériels de l'existence. Toutes ces beautés morales ne t'échapperont pas, fortifieront ton cœur et ton esprit mûris trop tôt par une perte cruelle et mis à des épreuves ordinairement épargnées à l'enfance.

Au commencement de ce récit, nous verrons paraître et mourir le père d'André-Marie Ampère. Plus tard, en 1800, son fils Jean-Jacques viendra au monde, trois ans avant le triste dénoûment; si donc on voulait donner un titre à ce manuscrit, il faudrait écrire en tête :

LES TROIS AMPÈRE.

Au mois de mai 1793, la ville de Lyon, poussée à bout par l'odieux despotisme qu'exerçait

le club central des jacobins, s'insurgea contre
sa municipalité terroriste, parvint à lui arracher
l'autorité et résista pendant soixante jours à
l'armée républicaine, envoyée par la Convention pour soumettre et détruire cette malheu-
reuse cité.

Jean-Jacques Ampère, ancien négociant,
chargé des fonctions de juge de paix avant le
siége, ne les abandonna point au moment de
l'insurrection ; exaspéré comme ses concitoyens
par les iniquités dont ils étaient victimes, il
ne s'effraya pas dans sa courageuse indigna-
tion des nouveaux dangers auxquels son poste
officiel allait l'exposer, et le 29 septembre.
quand un membre du Comité de salut public.
Dubois de Crancé, entra victorieux dans la ville
vaincue et décimée, un de ses premiers actes
de vengeance fut d'envoyer le juge de paix en
prison et bientôt à la mort.

Le 17 octobre, an ii de la République, du
cachot n° 5 de la maison de détention de
Roanne, cinq semaines avant son exécution, le
condamné écrit une instruction à sa femme ; la
voici :

« Il faut, ma très-chère amie, que tu fasses
renouveler en ton nom les promesses que la

Tatan possède, ou bien au nom de ta sœur, tu feras valoir le seul immeuble qui m'appartient à Polémieux; la dotation que ton oncle t'a faite, la licitation de la maison de ville que j'ai vendue à feu la citoyenne Guyau, ton contrat de mariage contenant reconnaissance de tes meubles, la pension viagère de cinq cents francs dont je suis chargé à l'égard de ta belle-mère, un capital de cinq mille livres que je dois à ma cousine Hilaire, de Paris.

« Tu trouveras dans mon cabinet les titres qui te concernent; si l'on s'obstinait à vendre Polémieux à ton préjudice, tu pourrais le faire racheter par Delorme ou tout autre, en ton nom ou en celui de nos enfants.

« Je dois douze livres dix sols à la citoyenne Passot pour cinquante bouteilles de rencontre, dont il ne faut pas se servir sans les avoir bien fait nettoyer et éprouver, huit livres moins un quart de pain à la citoyenne Barbaret, et environ quinze livres de pain à la veuve Pourra.

« Une somme de dix livres au citoyen Rivai, Grande rue Mercière, pour le chapeau rond de mon fils. Je ne crois pas devoir autre chose, si ce n'est soixante francs à un vitrier qui a réparé le vitrage de la fourragerie.

« Il ne faut pas oublier de faire opposer tous nos domestiques desquels tu as reçu tant de bons et fidèles services, pour obtenir le payement de leurs gages qui seront dus à la Saint-Martin.

« J'ajoute à nos dettes celles que j'ai contractées avec la citoyenne M***, qui nous a nourris, la Tatan et moi, pendant le siége et qui a avancé presque un an entier à mon frère, de la rente que je lui faisais.

« J'atteste sincères et véritables les dettes que j'ai détaillées dans cet écrit pour me mettre à l'abri de tous reproches à l'égard de mes concitoyens qui ont suivi ma foi.

« A Lyon, le jeudi 17 octobre 1793, l'an ii de la République.

« JEAN-JACQUES AMPÈRE, juge de paix jusqu'à ce moment.

« Il s'en faut de beaucoup, ma très-chère amie, que je te laisse riche et même une aisance ordinaire ; tu ne peux l'imputer à ma mauvaise conduite ni à aucune dissipation ; ma plus grande dépense a été l'achat des livres et des instruments de géométrie dont notre fils ne pouvait se passer pour son instruction, mais cette dépense même était une sage économie puisqu'il n'a jamais eu d'autres maîtres que lui-même.

« Il est vrai de dire cependant que ma fortune, depuis ma retraite du commerce, a souffert une diminution. la place que j'ai occupée deux ans m'a coûté trois mille livres de mon capital, qui a subi aussi quelques retranchements par le rachat des droits féodaux, fixes et éventuels que j'ai payés au receveur de la nation, il y a plus de deux ans. payement qui, avec les impositions accumulées de quatre à cinq années, y a fait une brèche de dix-huit mille livres; il faut ajouter à cela le quart de mon revenu, les offrandes à la patrie, le contingent du recrutement du mois de mars dernier qui font près de deux mille livres; ma dépense extraordinaire nécessitée par ma place de juge de paix, qui exigeait de moi un loyer, un domestique, un ménage, et trois feux de plus. Je doute qu'avec d'aussi minces ressources il y ait eu un seul citoyen qui ait autant rendu que moi à la patrie; je ne regrette *rien* que le malheur d'être méconnu d'Elle, car d'être flétri par mes ennemis ou des envieux est ce qui m'afflige le moins, mais c'est mon étonnement.

« Je n'eus jamais que le goût et la passion de mes devoirs, je n'ai ni repentir, ni remords. et je suis toujours digne de toi ; je t'embrasse et tout ce qui nous est cher, du fond de mon cœur.

« JEAN-JACQUES AMPÈRE, époux, père, ami, et citoyen toujours fidèle. »

Un mois plus tard, le 23 novembre, Jean-Jacques Ampère, la veille de sa mort, adresse ses dernières pensées à ceux qu'il va quitter, à sa patrie *tant chérie,* puis s'abandonne à Dieu en pardonnant à ses bourreaux.

Cet homme simple. si doux dans sa résignation, si fort dans sa pureté de conscience, si grand par la hauteur de son âme , devait être la noble souche de deux générations que le talent et le génie allaient illustrer. Il était le père d'André-Marie Ampère, l'aïeul de Jean-Jacques, l'ami si cher à ta famille.

Recueille-toi, Madeleine, et lis avec un sentiment de vénération les pages qui vont suivre.

« J'ai reçu, mon cher ange. ton billet consolateur. il a versé un baume vivifiant sur les plaies morales que fait à mon âme le regret d'être méconnu par mes concitoyens, qui m'interdisent, par la plus cruelle séparation, ma patrie que j'ai tant chérie et dont j'ai eu tant à cœur la prospérité.

« Je désire que ma mort soit le sceau d'une réconciliation générale entre tous nos frères ; je la pardonne à ceux qui s'en réjouissent, à ceux qui l'ont provoquée et à ceux qui l'ont ordonnée.

« J'ai lieu de croire que la vengeance nationale, dont je suis une des plus innocentes victimes, ne s'étendra pas sur le peu de bien qui nous suffisait, grâce à ta sage économie et à notre frugalité qui fut notre vertu favorite. Il vient de toi, il t'appartient, ou à ta sœur, ou à des créanciers dont les titres ne sont pas équivoques ; tu feras donc valoir tes droits de concert avec eux suivant l'instruction que je t'ai fait passer dès les premiers jours de ma détention au cachot, et les gages de notre union qui sont si dignes de notre tendresse seront du moins à l'abri de l'indigence.

« J'espère qu'un motif de cette importance te fera supporter ma perte avec courage et résignation. Après ma confiance en l'Éternel.

dans le sein duquel j'espère que ce qui restera de moi sera porté, ma plus douce consolation est que tu chériras ma mémoire autant que tu m'as été chère, ce retour m'est dû.

« Si, du séjour de l'éternité où notre chère fille m'a précédé, il m'était donné de m'occuper des choses d'ici-bas, tu seras, ainsi que mes chers enfants, l'objet de mes soins et de ma complaisance. Puissent-ils jouir d'un meilleur sort que leur père et avoir toujours devant les yeux la crainte de Dieu, cette crainte salutaire qui opère en nous l'innocence et la justice malgré la fragilité de notre nature.

« J'adresse à la Tatan les plus tendres adieux, et je compte sur son amitié pour toi et tous les tiens; puisse-t-elle avoir une partie du courage qui m'anime, afin que vous vous encouragiez mutuellement. Ne parle pas à ma Joséphine du malheur de son père, fais en sorte qu'elle l'ignore; quant à mon fils, il n'y a rien que je n'attende de lui, tant que tu les posséderas et qu'ils te posséderont, embrassez-vous en mémoire de moi. Je vous laisse à tous mon cœur. Adieu, tendre amie, reçois les derniers élans de ma tendresse et de ma sensibilité; dis à celui qui partagea notre retraite que je l'aime autant que je l'honore, rappelle-moi au souvenir des C^{ns} Per.

« Ce 23 novembre 1793.

« J.-J. AMPÈRE. »

Ces lignes écrites, quelques heures avant de monter sur l'échafaud, dans toute la plénitude de la vie et des facultés, sont à elles seules une biographie complète de l'homme juste, un testament qui vaut bien des parchemins.

Le condamné parle d'une fille aînée qu'il va rejoindre au ciel, de la Tatan, sa belle-sœur, de la petite Joséphine qui doit ignorer la fin tragique de son père; et sur André dont il a deviné le génie, un pieux orgueil, tout vivant encore dans son cœur au moment suprême, lui inspire ces mots : « Quant à mon fils, il n'est rien que je n'attende de lui. » Paroles prophétiques, saintement recueillies par celui qui devait les justifier un jour, vous avez sans doute plus d'une fois relevé son courage sur ce chemin si rude qui le menait à la gloire.

André-Marie Ampère avait dix-huit ans à l'époque de la terrible catastrophe. Foudroyé, brisé devant son formidable malheur, l'orphelin, comme anéanti, y succomba un moment.

Le choc que reçut alors cet esprit déjà pro-
digieux fut si violent, son ébranlement si profond, que pendant toute une année cette puissante intelligence sembla disparaître ou dormir.
Un jour, elle se réveilla en s'intéressant aux
fleurs. De cette contemplation à la poésie, la
pente était facile. Bientôt il s'enivra des plus
beaux vers d'Homère, d'Horace, de Virgile et
du Tasse ; il s'enthousiasma de la nature, goûta
l'amitié avec ardeur. « l'*amitié,* » sentiment
héréditaire dans sa famille, que Jean-Jacques
a élevé à la hauteur d'une vertu.

Dans une telle situation d'âme, André-Marie
rencontra une jeune fille qu'il allait chérir encore plus que les fleurs, la poésie et la science ;
Julie Carron devait être la passion, le seul
amour de toute sa vie.

Aux environs de Lyon, tout près de Polémieux, où naquit André Ampère, dans le domaine maternel, se trouve le petit village de
Saint-Germain-au-Mont-d'Or ; c'est là que vivait tout l'été, dans une campagne bien modeste, la famille Carron. Le chef de cette
maison s'occupait d'affaires. Il avait quatre
enfants ; un fils et trois filles. L'aînée de
celles-ci était mariée à son cousin Marsil Pé-

risse, associé d'un établissement de librairie,
connu et respecté dès lors, comme à présent,
dans le commerce de Lyon ; la seconde,
Mlle Julie, devait être la mère de J.-Jacques
Ampère ; la troisième, Élise, personne d'un
esprit original et cultivé, d'une susceptibilité
un peu orageuse, nous initie par sa correspondance aux mœurs simples, aux vertus domestiques de son pieux intérieur. Une mère bien
tendre, un père malade, objet de la sollicitude
de tous les siens, une grand'mère très-aimée
de ses petits-enfants, une tante dévouée à chacun, Mlle Boiron, sœur de Mme Carron, et quelques bons amis, composent ce cercle intime au
moment où nous y pénétrons en 1795.

Mlle Julie était une blonde aux cheveux
d'or ; un titre de romance le prouve ; André
complète ainsi son portrait quelque part : « On
voit dans ses yeux bleus la sérénité d'une âme
angélique, un sourire anime tous ses traits,
les grâces composent tous ses mouvements, la
candeur brille sur son front et colore ses joues
d'une légère teinte de rose. » Quant à son
cœur et à sa raison, pour en juger immédiatement, nous nous arrêterons un instant sur
un épisode de sa jeunesse, étranger à notre

sujet principal, mais qui nous fournit l'occasion de faire avec cette aimable fille et avec ceux qui l'entourent plus intime connaissance.

M. Dumas, médecin déjà distingué à vingt-neuf ans, professeur à l'École centrale de santé à Montpellier [1], demande, en 1795, Mlle Julie Carron en mariage. L'affection qu'il éprouve est sincère, car dans cette circonstance l'appât d'une belle dot n'existe point.

De dix-neuf à vingt et un ans, Julie sut donc inspirer deux fois un amour désintéressé, sentiment moins rare il y a soixante-dix ans qu'aujourd'hui, à ce qu'il paraît.

Le style de M. Dumas, amoureux, n'échappe point à l'influence de son époque. Il peint sa

1. Dumas, médecin, né à Lyon en 1765, étudia à Montpellier, fut employé à l'Hôtel-Dieu de Lyon où il rendit de grands services pendant le siége de la ville (1793), puis à l'armée des Alpes (1794). Il fut nommé en 1795 professeur d'anatomie et de physiologie à Montpellier, devint successivement doyen de la faculté de médecine, recteur de l'Académie de Montpellier, et mourut dans cette ville en 1813. Ses principaux ouvrages sont : *Principes de Physiologie, 1806,* où il développa la doctrine du principe vital de Barthez: et *Doctrine des maladies chroniques, 1812,* travail neuf, où l'auteur expose la théorie et la formation des maladies.

passion avec une exaltation dramatique, une emphase d'expression qui serait mal venue én 1869, et risquerait de provoquer plus souvent le sourire que l'émotion. Pourtant, je le répète, sous cette forme trop *sensiblement romanesque*, le fonds se trouve, la tendresse est réelle.

De nos jours, les prétendants formulent autrement leurs propositions : on ne peut les accuser de manquer de simplicité dans leur langage, de positif dans leurs déclarations. Ils n'en mettent que trop, hélas !

C'est à la mère de Julie, bien entendu, que le jeune professeur adresse tout d'abord sa prière. Il parle de sa situation présente, de ses espérances d'avenir et commence ainsi :

« Madame,

« Ah ! si vous pouviez connaître mon âme tout entière ! Lorsque je revins de Paris, il y a six ans, je nourrissais déjà le même sentiment pour votre fille ; j'étais sans fortune, il fallait la faire avant de songer à elle. Je vins concourir à Montpellier pour une place de professeur que j'avais obtenue par un brevet. Ma pauvre mère, instruite de mon amour, m'animait à de grands efforts pour en mériter l'objet ; des circonstances fâcheuses, relatives à la Révolution, éloignèrent le moment où ma position devait être fixée ; j'arrivai à Lyon dans l'espoir de me faire un sort, je ne tenais à réussir que pour Julie ; pour elle, je bravai les rigueurs du siége et m'exposai à tous les malheurs qui suivirent pour moi ce terrible événement. Vous les connaissez, je ne les rappellerai point à votre cœur sensible.

« La Convention nationale vient de m'appeler à un poste avantageux et conforme à mes goûts. Je suis nommé professeur à l'École centrale de santé établie à Montpellier, et chargé d'enseigner l'anatomie, la physiologie et la physique appliquée à l'art de guérir. Le traitement de chaque professeur est porté à six cents livres par mois ; j'espère aussi que l'exercice de ma profession ne sera pas infructueux.

« Je n'offre point des richesses à Julie, mais je lui apporte un cœur plein d'elle et qui, depuis sa première jeunesse, s'est pénétré d'un amour que le temps ne saurait altérer.

« J'attends votre réponse, madame, et je compterai les jours, les heures, les minutes

qui vont s'écouler jusqu'à ce qu'elle me par-
vienne.

« DUMAS,

« Professeur à l'École centrale de santé, chez
les citoyennes Durand, rue Haute, à Montpellier. an III de la République française. »

Cette lettre, qui tombe à l'improviste au milieu des habitudes régulières et paisibles de la
famille Carron. agite toutes les imaginations,
particulièrement celle d'Élise qui ne peut supporter la perspective d'être séparée de sa sœur.
Ce grand événement devient vite le secret de
la comédie, chacun s'en préoccupe tout bas ac-
tivement, mais se croit obligé de garder une
discrète et coûteuse réserve vis-à-vis des autres. Élise, qui est à Saint-Germain avec sa
grand'mère pendant que Julie reste à Lyon auprès du lit de son père, nous peint la situation
en rendant compte de la visite de Marsil, son
beau-frère.

« Saint-Germain.

« Oh ! ma chère Julie, combien nous avons
causé avec mon beau-frère ! Je me doutais qu'il
était au fait de tes affaires ; il se tenait cepen-

dant comme moi sur la réserve ; mais lorsqu'il
fut près de son départ, je le retins en lui disant : Mais ne sais-tu plus rien, *plus rien ?* Il
s'est mis à rire et, dans la crainte de compromettre sa femme, se taisait toujours ; enfin nous
avons crevé en même temps et chacun s'est
avoué ce qu'il savait là-dessus. Jenny, lui con-
tant *tout,* nous met par force dans le cas de ne
lui rien cacher. Il m'a priée néanmoins de ne
point t'apprendre qu'il était si bien instruit
pour ne pas te gêner avec lui ; je me suis
moquée de cette raison, car je pense qu'un
aussi bon frère compléterait à merveille notre
quadrille de femmes, il en a toute la sensibilité
et t'aime quasi autant que le fait ton Élise.

« Élise. »

Point de réponse de Julie à sa sœur, mais
en voici une adressée au professeur, assez me-
naçante pour son amour, malgré les espérances
d'avenir qui s'y glissent en passant.

« Monsieur.

« C'est bien contre mon gré que vous êtes
depuis si longtemps dans une incertitude pé-

nible, j'aurais voulu pouvoir prendre une détermination prompte, mais j'attache une trop grande importance à l'engagement que vous me proposez pour ne pas faire des réflexions sérieuses et qui demandent une tranquillité d'esprit que je suis loin de trouver auprès d'un malade chéri.

« Vous imaginez que vos propositions nous sont désagréables ; peuvent-elles l'être d'une personne que nous estimons tous? Je ne puis m'accoutumer à l'idée d'une séparation avec ma famille ; je sens que jamais je ne saurai m'y résoudre, ne sachant pas même encore si nos caractères et nos goûts sont tels qu'il les faut, pour adoucir les peines qu'on ne peut éviter dans aucun état de la vie. Les raisons qui vous retiennent à Montpellier sont toutes naturelles ; il faut se garder de quitter un emploi avantageux au moment où ils sont si rares. Je serais bien fâchée de contribuer à vous faire négliger votre avancement ; mais les circonstances peuvent changer. Lyon vous offrira sans doute un jour les occasions qui se présentèrent pour vous autrefois. De mon côté, je n'aurai pas constamment des chagrins aussi vifs que ceux que j'éprouve maintenant. Mais à présent, la pensée d'abandonner mon père un seul instant ne pourrait qu'ajouter à ma peine. . . . Je suis, monsieur, avec une grande considération,

« JULIE CARRON. »

A ces paroles pleines de raison et de *politesse*, Mme Carron ajoute quelques réflexions peu encourageantes :

« Quitter tout ce que l'on aime au monde pour se transporter à soixante lieues avec quelqu'un dont on ne connaît ni les goûts, ni les habitudes, vous m'avouerez, monsieur, que c'est un parti à prendre qui demande de la résolution, et de grandes dispositions pour le mariage. »

Grâce aux illusions que conservent trop souvent les amoureux, la confiance de celui-ci ne s'ébranle pas; le **29** floréal, il essaye encore de faire valoir les avantages de sa carrière, qui peut, dit-il, mener à la gloire comme à la fortune.

Ses arguments ne manquent point d'une certaine force; plus d'un père de famille s'en con-

tenterait, mais, hélas ! il n'a pas conquis Julie.
Une nouvelle missive qu'on reçoit à Saint-
Germain nous le prouve ; cette lettre, destinée
à l'intimité maternelle, est consciencieusement
envoyée par Mme Carron à celui qu'elle va dé-
sespérer.

« Lyon, 20 germinal au soir.

« Nous recevons dans l'instant, ma petite
mère, une lettre de Montpellier. J'avais la permission de l'ouvrir ; elle m'a rendue toute triste ;
j'étais tranquille ces jours passés, tu avais répondu, c'était tout ce que je pensais. Je sens
le prix d'un cœur aussi sensible. Mais te quitter, m'éloigner de ceux que j'aime, *non, non,*
je ne peux envisager cela sans un cruel chagrin. Moi qui voudrais chaque matin franchir
ces trois lieues qui me séparent de toi, et revenir le soir trouver mon père et mon Élise !
Il faut répondre. Comment dire par lettre tant
de raisons qui se sentent mieux qu'elles ne
s'expriment ? On voit bien qu'il ne croit pas
mon père aussi malade. Si j'avais l'esprit plus
tranquille sur son compte, je m'occuperais davantage d'une chose d'où dépend le bonheur
de ma vie. Je vois que je suis bien aimée ;

mieux connue, peut-être le serais-je moins. Moi aussi je ne puis être heureuse qu'en chérissant celui avec qui je passerai mon existence. Ses lettres sont bien faites pour me donner une bonne idée de lui : un cœur délicat, de l'amitié pour les miens. Toutes ces choses sont telles que je les ai toujours désiré rencontrer dans un époux, si je dois en avoir un. Mais il est encore tant de rapports de caractères et de goûts qui contribuent à la mutuelle félicité ! Je te l'ai déjà dit, je ne le connais pas assez, je faisais peu d'attention à l'intérêt qu'il me portait autrefois, pensant que c'était un badinage.

« J'apprécie toutes ses bonnes qualités, mais il ne parle plus de venir se fixer à Lyon ; ce serait seulement des voyages qui deviennent difficiles lorsqu'on a un ménage à quitter. Je me répète cela, j'y reviens toujours parce que j'y songe sans cesse. Que j'aurais de plaisir à te confier toutes mes pensées, en écoutant à mon tour tes conseils ! Mais je ne puis laisser encore Élise seule près de mon père ; ensemble nous nous aidons à supporter nos craintes. Comment pourrais-je donc me résoudre à m'en aller si loin ? pour si longtemps ? Oh ! non, *non* ; réponds ce que tu voudras à cette lettre bien tendre, mais je ne peux quitter tous ceux que j'aime tant.

« Adieu, maman.

« TA JULIE. »

La vérité semble apparaître un instant à l'amant malheureux. Mais son cœur ne veut pas se rendre. Il exhale une dernière plainte. il conjure une dernière fois en s'écriant :

« De grâce, madame, faites encore un effort sur *elle*, sur vous-même; n'y a-t-il pas moyen d'adoucir la séparation qui effraye votre tendresse? L'heure fuit, le temps d'être heureux tarde à celui qui ne le fut jamais ; non, il n'est pas de sacrifice dont je ne me sente capable pour obtenir Julie. »

Julie, l'excellente fille, ne peut rester complétement insensible aux tourments qu'elle cause. En prenant la plume pour écrire à Montpellier cette page qui sera la dernière, elle commence ainsi, l'innocente imprudente :

« Je ne pensais pas, monsieur, que la réponse à ma lettre pût être d'un style aussi triste. Je vous dis, il est vrai, que je ne peux me déterminer à quitter tous les miens ; je vous engage aussi à ne pas abandonner, dans un moment de révolution, une place qui vous est avantageuse. Affligée, comme je le suis, de voir mon père dans une situation dangereuse, puis-je songer à un changement d'état?

« Si j'ai désiré vous connaître davantage, n'était-ce pas également pour le bonheur de tous deux? ne risquai-je pas autant que vous à cet examen? Le *séjour de Lyon vous déplaît;* que ne faudrait-il pas pour vous faire oublier un pays que vous aimez et des avantages si difficiles à remplacer ailleurs? Vous trouvez que les années s'écoulent rapidement; je l'aperçois comme vous; mais ne vaut-il pas mieux en employer quelques-unes à chercher le bonheur pour l'atteindre, que de saisir son ombre? Vous rencontrerez des femmes riches, aimables, je n'en doute pas : votre position exige un établissement prompt, soyez heureux!! Si je vous ai causé des peines, leur souvenir ajoutera toujours aux miennes, et loin de trouver mon bonheur dans le sacrifice que vous faites du vôtre, la pensée que j'ai pu y porter atteinte sera toujours fort pénible à Julie. »

L'infortuné Dumas devait passer par toutes

les phases douloureuses de la maladie dont il était victime. Quelques mots dictés par un sentiment de commisération suffisent à ranimer ses espérances. Il lit et relit cent fois, sans tenir compte du reste, les premières paroles du billet de Julie, dont il veut obstinément s'enivrer : « Je ne croyais pas, monsieur, que la réponse à ma lettre pût être d'un style aussi triste, » et plus enflammé que jamais, se rattachant à ses illusions, le voilà qui exprime de nouveau ses transports. Celle qu'il aime, au contraire, défend énergiquement sa liberté, en restant maîtresse de son cœur. La bouillante Élise, qui suit avec anxiété toutes les péripéties du petit roman de Montpellier, tremble de voir triompher le professeur passionné, et adresse de Saint-Germain, à sa sœur, de véritables lamentations.

A la citoyenne Julie Carron, rue Clermont, n° **21**, maison Debrosse, à Lyon.

« Saint-Germain, ce dimanche soir, vieux style.

« Chère Julie,

« Le jour d'hier fut pénible pour ton Élise ;

ces nouvelles qui n'arrivaient point, je trem-
blais de les recevoir. Il est des moments où
tout vous accable. Je suis abasourdie, hébétée,
et j'ai grand'peur que ma faible tête ne puisse
résister à tant de choses; les plus petites me
désespèrent parce que les grandes sont là qui
ne me quittent ni jour ni nuit. Ah! que j'ai
besoin de parler à toi de toi-même! Comme je
pleurerais de bon cœur!! Cette dernière lettre
où l'on ne veut point de séjour à Lyon met le
comble à mes craintes. Je suis découragée, la
vie m'est à charge; je me reproche aussi la
peine que ma tristesse et mes plaintes te causent; ah! si ton amitié me manquait jamais,
cache-le-moi si tu veux que j'existe. Mais où
m'emporte mon ennui? n'en as-tu pas assez toi-
même? Enfin je me dégonfle un peu, toutes
tes raisons sont les meilleures du monde; rien
de choquant, rien d'empressé; s'il a lu cette
lettre à maman, il ne parlera plus comme d'une
bagatelle du voyage à Montpellier.

« Ma chère Julie, voilà qui approche bien
d'une conclusion, fasse le ciel qu'elle soit pour
ton bonheur!!

« ÉLISE. »

En effet, nous touchons au dénoûment; une dernière épître à Mlle Carron annonce que le rêve de l'amoureux vient enfin de s'évanouir. Plaignons-le, il le mérite; mais gardons-nous de croire qu'une flamme si pure, éteinte à vingt-neuf ans, ne s'est pas rallumée. Oui, l'avenir l'aura dédommagé, et nous pouvons dire, ayant connu son cœur : Heureuse la femme qui a su le consoler!

Et Julie, de son côté, n'a-t-elle pas inspiré aussi quelque sympathie? C'est une belle nature, un esprit droit. Elle possède le sentiment du devoir à un haut degré, un bon sens qui ne fera jamais défaut et saura prendre le plus court pour arriver au but.

Le professeur de Montpellier, qu'elle n'avait vu qu'en passant et qui voulait l'enlever à sa famille, l'a peut-être accusée de froideur. Mais son dévouement à ses parents dément toutes conjectures de ce genre. En amour Julie n'avait pas dit son dernier mot. A l'époque terrible de la Révolution, en 1793, sa jeunesse s'épanouissait à peine : de pareils événements mûrissent vite; les dangers qui menaçaient les siens avaient dû resserrer encore les liens qui l'unissaient à eux; s'éloigner quand ils venaient d'échapper à la terreur, et que la maladie paralysait son père, ce sacrifice lui parut impossible. Elle refusa donc l'occasion, toujours *rare* pour une fille sans fortune, d'un établissement très-avantageux. Elle refusa, non sans avoir hésité quelque temps : car, malgré sa résolution de ne pas céder alors aux instances d'un honnête homme, sa conscience émue et reconnaissante lui disait qu'elle était aimée. Julie lutta *donc,* mais son affection filiale l'emporta.

Cette crise d'intérieur terminée, chaque membre de la famille Carron reprend sans distraction le cours de ses habitudes et de ses occupations intimes. Élise, rassurée sur la séparation qu'elle redoutait, nous parle du mariage de son frère et de Mlle Aguarite avec plus de sérénité que de celui de sa sœur. Elle se félicite d'échapper pour son compte aux tourments de l'amour, et nous arrivons ainsi en compagnie de cette bonne et véhémente fille à la fin de l'année 1795, époque à laquelle nous retrouvons André-Marie Ampère âgé de vingt ans.

Depuis longtemps Ampère est aussi fort en géométrie, en mathématiques, qu'il le sera jamais. Devenu latiniste, helléniste, fou de poésie, il fait des tragédies, ébauche des poëmes sur les sciences naturelles, sur la morale de la vie, une épopée sur Christophe Colomb ; il rime des chansons, des madrigaux, range, classe sa flore et sauve ses racines de la mort en les replantant dans son jardin. Il étudie la chimie, la physique, la mécanique analytique, le blason, la philosophie. Que n'étudie-t-il pas, bon Dieu!! que ne sait-il pas déjà, celui qui complétera ses travaux vingt ans plus tard en concevant et rédigeant une classification nouvelle de toutes les connaissances humaines ! Cet *irrassasiable* jeune homme puise au sein de ses études universelles un amour sans borne pour Dieu, une admiration toujours croissante pour ses œuvres, une foi inébranlable dans l'intelligence, une confiance illimitée aux progrès de la science, en son action moralisante et civilisatrice.

Nous le retrouvons donc à Lyon, installé rue Mercière, donnant des leçons toute la journée et se réservant de longues matinées pour ses propres travaux. En hiver, il se lève avant le jour, à quatre heures, quitte sa chambre et s'en va monter un cinquième étage de la place des Cordeliers pour se réunir à un groupe de

camarades avides comme lui de tout apprendre,
de tout savoir. Ils lisent ensemble le traité de
Lavoisier, s'enthousiasment, s'émerveillent à
toutes les découvertes nouvelles que lui, Ampère, encore ignorant de son génie, saura bientôt égaler, sinon surpasser. Au souvenir de cet
héroïque travailleur, M. Sainte-Beuve écrit ces
charmantes paroles :

« Admirable jeunesse! âge audacieux! saison féconde! où tout s'exhale et coexiste à la
fois, qui aime et qui médite, qui scrute et dé-
couvre et qui chante ; qui suffit à tout; qui ne
laisse rien d'inexploré de ce qui la tente et qui
est tentée de tout ce qui est vrai et beau! Jeunesse à jamais regrettée, qui, à l'entrée de la
carrière sous un ciel qui lui verse ses rayons, à
demi penchée hors du char, livre des deux
mains toutes ses rênes et pousse de front tous
ses coursiers. »

André Ampère, à la fin de chaque semaine si
laborieusement remplie, quittait la ville de Lyon
pour aller se reposer le dimanche en famille à
Polémieux. Parfois il s'arrêtait en route chez
une tante établie avec sa fille à Saint-Germain.
Ces courses, ces visites, devinrent-elles pour

notre jeune savant l'occasion d'une rencontre
qui devait fixer son sort? Probablement. A cette
heure, il se plaint et s'ennuie de l'oisiveté de
son cœur, d'une apathie qu'il ressent en dépit
de ses études et des livres qui jusqu'ici ont fait
ses plus chères délices.

« Le cri de la nature répandait dans mon
àme une inquiétude vague et insupportable. Un
jour que je me promenais après le coucher du
soleil le long d'un ruisseau solitaire. »

Le papier n'en dit pas davantage : ces lignes,
tracées sur une feuille volante, s'arrêtent là.
mais elles servent comme d'introduction au
journal qui va commencer, c'est l'aurore d'un
jour radieux, l'apparition de Julie qu'elles an-
noncent.

Sur la première page d'un manuscrit plus
maculé que les autres, parsemé d'*x* et d'*y*, on
voit écrit en grosses lettres : *Amorum,* dernier
mot d'un titre dont le commencement est tout
déchiré.

Avant d'aller plus loin, arrêtons-nous un
instant; regardons ce jeune professeur de vingt
ans qui doit tout ce qu'il sait à lui-même et qui
sait *tout,* excepté le monde. Il n'a connu jus-

qu'ici d'autre joie que celle du travail ; son courage, c'est sa fortune ; sa simplicité, sa noblesse ; sa bonhomie vient de la pureté et de la vérité de son âme. On va le trouver gauche et maladroit peut-être dans sa craintive inexpérience, mais, s'il fait sourire quelquefois, ce sera avec une certaine vénération. Sous cette humilité réelle, sachons deviner le génie qui se cache, car cet homme si timide, si tendre et si modeste, est bien grand déjà par la science dont il va reculer les limites.

En 1840, au sein de l'Académie des sciences, son illustre secrétaire perpétuel, M. Arago, après avoir exposé les lois qui régissent les phénomènes d'électro-dynamique, s'écriait, en parlant d'André : « On dira un jour les lois d'Ampère, comme on dit *les lois de Kepler*. »

Puis il racontera que le 18 septembre 1820, époque à laquelle l'immortelle découverte fut présentée à l'Institut, « les savants nationaux et étrangers, pendant plusieurs semaines, purent se rendre en foule dans un humble cabinet de la rue des Fossés-Saint-Victor, et y voir avec étonnement un fil conjonctif de platine qui s'orientait par l'action du globe terrestre. Qu'eussent dit Newton, Halley, Dufay, Épinus, Franklin, Coulom, si quelqu'un leur avait annoncé qu'un jour viendrait, où, à défaut d'aiguille aimantée, les navigateurs pourraient orienter leur marche en observant des courants électriques, en se guidant sur des fils électrisés ? »

A ce dernier hommage rendu au génie par **M**. Arago, l'éminent **M**. Littré ajoute le sien en terminant ainsi une notice remarquable sur Ampère.

« **Notre** temps présent, qui a été jadis de l'avenir, deviendra à son tour du passé ; et il arrivera une époque où toute notre science paraîtra petite. Ce que Sénèque a dit de son siècle, nous pouvons le répéter pour le nôtre ; la postérité s'étonnera que nous ayons ignoré tant de choses. Le bruit des renommées ira en s'affaiblissant par la distance de l'espace. Nos volumes, tout grossis par la science contemporaine, se réduiront à quelques lignes durables qui iront former le fond des livres nouveaux. Mais dans ces livres, à quelque degré de perfection qu'ils arrivent, quelque loin que soient portées les connaissances qu'ils renfermeront sur la nature, quelque élémentaire que puisse paraître alors ce que nous savons, *une place* sera toujours réservée au nom de M. Ampère et à sa loi si belle et si simple sur l'électro-magnétisme. »

A présent, chère Madeleine, que tu connais un peu mieux l'auteur du journal et des pages suivantes, ouvre ce cahier sans effroi, ce n'est pas une leçon de géométrie que le grand physicien te réserve, c'est une histoire bien naïve : celle de son amour.

AMORUM.

1796.

Dimanche, 10 avril. — Je l'ai vue pour la première fois.

Samedi, 10 août. — Je suis allé chez elle, on m'y a prêté *le Novelle morali di soave.*

Samedi, 3 septembre. — M. Coupier était parti la veille. Je suis allé rendre *le Novelle,* on m'a donné à choisir dans la bibliothèque, j'ai pris Mme Deshoulières. Je suis resté un instant seul avec elle.

(M. Coupier, ami de la famille Ampère, s'occupait de botanique, de physique et de mécanique. Lié avec André, il l'interrogeait incessamment par correspondance sur les difficultés scientifiques qu'il ne pouvait résoudre lui-même.)

Dimanche, 4 septembre. — J'ai accompagné les deux sœurs après la messe ; je rapportai le premier tome de Bernardin. Elle me dit qu'elle serait seule, sa mère et sa sœur partant mercredi.

Vendredi, 9 septembre. — J'y allai et ne trouvai qu'Élise.

Dimanche, 11 septembre. — En sortant de la messe, j'allai rendre Bernardin. J'appris que Julie reviendrait. mais avec Jenny.

(Élevé par une mère très-pieuse, les sentiments religieux d'André naissent avec sa raison. Sa première communion avait été la grande joie. la lumière de son adolescence, comme la calamité de 93 devait être la consternation, la stupeur, les ténèbres de ses dix-huit ans. Son catholicisme profond, enthousiaste au commencement de sa vie, attiédi, obscurci même au milieu de sa carrière, redevint bientôt inébranlable jusqu'à la fin de ses jours. Son fils, Jean-Jacques Ampère, répétait souvent que le catholicisme de son père, celui d'Ozanam et le spectacle de la religion de ta mère, avait été pour son âme et son intelligence une prédica-

tion plus émouvante et plus frappante que tous
les arguments cherchés et même trouvés par
lui dans les livres des plus savants théolo-
giens.)

Mercredi, 14 septembre. — Je portai Voltaire, je les trouvai à table et les accompagnai
à Curis.

(Curis, lieu de résidence de la famille Lebœuf, en relation avec Mmes Carron et Ampère.)

Vendredi, 16 septembre. — Je fus rendre le
second volume de Bernardin, et fis la conversation avec elle et Jenny; je promis des comé-
dies pour le lendemain.

Samedi, 17 septembre. — Je les portai et
commençai à ouvrir mon cœur.

(Cinq mois après avoir vu Mlle Carron pour
la première fois, André commence à ouvrir son
cœur. Je doute que cette confidence apprenne
quelque chose à Julie; le secret du jeune
homme est deviné, car une lettre d'Élise, écrite
à cette époque, y fait allusion.)

« A la citoyenne Carron.

« Saint-Germain, jeudi soir.

« Tu me dis que tu voudrais ne me point
parler de choses qui me fatiguent et m'en-
nuient. Ah! je t'en prie, ma chère Julie,
n'essaye pas; laisse aller toutes tes pensées.
Bon Dieu! quel nom donner à une amitié qui ne
saurait partager que les plaisirs! elle ne serait
pas de mon goût et ce ne sera jamais, j'espère,
la nôtre, qui est bâtie de façon à vouloir savoir
et pénétrer *jusqu'au petit coin caché d'Ampère.*

« Le temps m'a manqué pour repasser les
bonnets de maman, le fils Rissimbourg est venu
avec son frère, il a fallu servir à goûter, et j'ai
laissé éteindre mon feu. Les enfants sont là
qui font un bruit à m'empêcher de penser :
c'est la pelle qu'on traîne, c'est la petite qui
fait ce qu'elle a à faire, je ne sais où j'en suis
et ne dis mot pour me réserver la liberté de
parler quand je n'y pourrai plus tenir. Mais
il est sûr qu'on abuse bien du peu de patience
que j'ai.

« Les œufs se sont-ils cassés? le vin s'est-il
répandu? je n'ai pas rempli la berte, on dit
que ce mulet se couche. Je voudrais qu'Agua-

rite entendît comme bonne maman la plaint
du départ de Carron. Elle va bien verser des
larmes, dit-elle ; à cela je réponds : Et nous
aussi ; puis Marion s'écrie : « *Ah ouai !* c'est ben
autre chose qu'une sœur ! c'est une chose qu'on
ne peut comprendre que quand on y a passé ; y
est un torment et y a pitia de s'aimo comme
y sen. »

« Je ne sais pourquoi ni bonne maman, ni
Marion, ne pensent à plaindre mon pauvre
frère ; il faut que les femmes se soient acquis
une grande réputation de sensibilité.

« Que de choses à dire quand nous nous
reverrons ! Mais je ne sais pourtant sur quelle
corde t'écrire, c'est à toi de m'encourager à
parler ou à me taire. »

(Malgré ses dernières paroles, la bonne Élise
n'est pas fille à contenir longtemps son humeur
expansive ; aussi, à la fin de sa missive, elle
change de ton et s'exprime nettement.)

« Je trouve tes raisons convenables et sans
réplique ; que peut-on contre un penchant si
naturel de n'être point séparé ? Il faut qu'on
s'arrange là-dessus, et si on *aime* on s'arran-
gera. »

(Toujours la question *sine qua non* de la séparation ; on la traite, on la discute de nouveau en famille.)

Dimanche, 18 septembre. — Je vis Julie jouer aux dames après la messe.

Lundi, 19 septembre. — J'achevai de m'expliquer, j'en rapportai de faibles espérances, et la défense d'y revenir avant le retour de sa mère.

(A cette époque, André déclare son amour à Julie dans un billet qui provoque encore les commentaires d'Élise.)

« Saint-Germain, mardi soir.

« Chère Julie,

« Je reçois deux lettres à la fois, et quelles lettres ! ! que de réflexions à faire, que de choses à répondre !

« Mon Dieu, ne vous inquiétez donc pas de moi, je suis trop bien ; penser à vous est mon occupation journalière ; je brode, j'écris, je mange, je dors. Je n'ai pas froid à la cave, il y fait plus chaud qu'à la salle, je quitte toujours ma pelisse pour y entrer ; je vais au fruitier ; quant au cochon, il n'a reçu qu'une seule de mes visites ; ainsi ne vous mettez point en peine, tirez-vous cette épine, il en reste assez d'autres. Ce billet que tu as reçu m'a bien surprise ! Je commence à croire à la *constance*, et je démêle *dans les procédés de ces dames* mille choses que je n'avais point remarquées et qui ne sont pas au désavantage du *frère*, mais on ne peut s'expliquer ici, il y a trop de pourquoi et de parce que. Je te plains, ma chère Julie, d'avoir encore en ce moment à faire des réflexions de cette nature, je te conseille de les laisser dormir, jusqu'à ce que nous soyons plus calmes, et toutes deux ensemble ; mais ce que je dis là est plus aisé à écrire qu'à mettre en pratique.

« Adieu, adieu, je t'embrasse à l'étouffade.

« Élise. »

(Elle n'est pas au bout de son étonnement, la bonne Élise, car la constance dont elle s'émerveille dès à présent va durer encore plus de deux années avant d'être récompensée ; *les procédés des dames qui ne sont point au désavantage du frère* prouvent que mère et tante, cousine et sœur, travaillent déjà sourdement à favoriser les projets d'André.)

Retournons au journal.

Samedi, 24 septembre. — Je fus rendre un volume de Bernardin, je rapportai le tome IV de la *Dunciade* et un parapluie.

Lundi, 26 septembre. — Je *la* trouvai dans le jardin, sans oser lui parler.

Vendredi, 30 septembre. — Je portai Racine, la mère était dans la salle à mesurer de la toile.

3 octobre. — J'y allai. Je glissai encore quelques mots à la mère. Je rapportai le premier volume de Sévigné.

Jeudi, 6 octobre. — Je me trouvai seul avec Elle sans oser lui parler ; on me donna les premiers bouts rimés.

Lundi, 10 octobre. — Je les portai remplis, et les lui mis adroitement dans la main.

Samedi, 15 octobre. — Je portai une lettre, mais Elle était allée à Lyon.

Mardi, 18 octobre. — Je m'ouvris entièrement à la mère, qui ne parut pas vouloir m'ôter toute espérance.

Mardi, 25 octobre. — Je portai le cinquième volume de Sévigné, je trouvai Élise, ce qui ne m'empêcha pas de parler et de rapporter encore quelques espérances.

Vendredi, 29 octobre. — Je vis Julie dans la cour en arrivant, mais des hommes, par malheur, déchargeaient une charrette; j'entrai, je trouvai une Mme Petit et n'osai rien dire.

Lundi, 31 octobre. — Grande compagnie, occasion du jardin manquée, tapisserie; j'avais rendu le septième volume de Sévigné, j'oubliai le huitième et mon parapluie.

(Pour aller voir Mlle Carron, André sait trouver vingt prétextes; mais s'il s'agit de parler à Julie, l'amant timide manque absolument toutes les occasions.)

Mercredi, 2 novembre. — Je fus chercher mon parapluie. Jenny, Aguarite, visite des Lebœuf, promenades et jeux.

Samedi, 5 novembre. — Je parlai à Julie devant sa mère, et rapportai le huitième et le neuvième volume de Sévigné.

Lundi, 7 novembre. — Je ne parlai pas ce jour-là, à cause de la mort de M. Montpetit.

Mercredi, 9 novembre. — Je reparlai. Julie me dit de venir moins souvent.

Samedi, 12 novembre. — Mme Carron était sortie, je dis quelques mots à Julie qui me rembourra bien et partit; Élise me dit de passer l'hiver sans plus parler.

(Julie le rembourra bien, mais cela prouve-t-il qu'elle ne l'aime pas?)

Mercredi, 16 novembre. — La mère me dit : « Il y a longtemps qu'on ne vous a vu. » Élise me parla froidement, Julie m'apporta avec grâce les *Lettres provinciales*.

(Au xviiie siècle, avant, pendant et après la Révolution, l'éducation grammaticale des femmes en France était assez négligée; la syntaxe, les règles des participes surtout, faisaient trop souvent défaut; mais le goût réel de la bonne littérature existait dans les familles les plus modestes, chez les personnes très-simplement élevées; les dames aimaient la belle prose, la poésie, sans craindre de paraître pédantes, écrivaient des bouts-rimés, de petites fables, comme nous en verrons faire à Julie. Elles se reposaient des soins les plus humbles du ménage, en écoutant la lecture d'une tragédie de Racine, celle d'un roman bien naïf et bien tendre, dépourvu de toutes péripéties accommodées à la mode de nos jours, ou de peintures trop laides pour être aimables quand même elles seraient *vraies*.

A présent l'art d'écrire ou plutôt de décrire est poussé si loin que ce talent a remplacé le sentiment.

Est-ce un progrès? J'en doute.)

Vendredi, 9 décembre. — Dix heures du matin. Elle m'ouvrit la porte, en bonnet de nuit et me parla un moment tête à tête dans la cuisine. J'entrai chez Mme Carron, on causa de Richelieu, je revins dîner à Polémieux.

Dimanche, 8 janvier. — Je fus voir sa mère et sa sœur, je m'accusai et je m'excusai. J'y ai été deux fois par semaine jusqu'au samedi 7 janvier 1797. Ce jour-là il n'y avait qu'Élise, nous n'avons parlé que de choses indifférentes.

Jeudi, 12 janvier. — Élise était encore seule, mais ayant parlé de la chanson de Mlle Lebœuf, j'en profitai pour lui donner la mienne (*les Cheveux d'or*), ce qui fait que nous causâmes longtemps de Julie.

(Nous voilà renseignés sur la nuance des cheveux de Mlle Carron.)

Mardi, 17 janvier. — Je rapportai les *Nuits de Young*. Pas encore de Julie.

Vendredi, 20 janvier. — Élise toute seule, la présence d'un domestique nous empêcha de parler de sa sœur.

Mardi, 24 janvier. — Point de Julie.

Vendredi, 27 janvier. — Enfin elle était arrivée de Lyon; sa mère ne vint pas tout de suite. Faisant semblant de regarder des vignettes, je me mis à ses genoux; sa mère rentra et me fit asseoir près d'elle.

Samedi, 28 janvier. — Je ne trouvai que les deux filles; sa mère m'appela un moment dans son cabinet, et *là* me dit de ne plus venir si souvent, et mille autre choses désespérantes.

(Toutes ces choses désespérantes étaient bien un peu provoquées par son attitude de la veille aux pieds de Julie; Mme Carron ne dit pas non, mais ne peut encore dire *oui*.)

Vendredi, 10 février. — Je n'y retournai que ce jour-là. Julie se leva de table pour me donner une chaise, la mère fut ensuite tirer du vin, mais je n'osai parler que de choses indifférentes; on me prêta le *Nègre*.

Mercredi, 15 février. — Elle était à Lyon, je promis à la mère de venir clouer sa toile le lundi.

Lundi, 20. — Je clouai la toile de la tapisserie.

Lundi, 27 février. — Elle n'était pas revenue; sa mère me parla avec beaucoup d'amitié, me fit lire une lettre d'Élise, et me prêta l'*Orpheline anglaise*.

Mercredi, 15 mars. — J'arrivai avant leur dîner pendant lequel je lus (*de Architetture*). M. Augier vint, je jouai aux boules avec lui, donnai une leçon d'arithmétique, et rapportai le premier volume de *Pamela*.

Vendredi, 24 mars. — Mlle Lebœuf vint tandis que je lisais la tragédie de *Louis XVI;* nous fûmes dans le verger. Élise s'assit sur le banc, Julie sur une chaise que je lui portai et moi à ses pieds; *elle* choisit ma bourse à son goût.

Lundi, 10 avril. — Je lus la *Marchande de mode* et la *Rosière,* et pendant qu'on mettait des vitres et que Mme Carron était dehors, je rappelai à Julie que c'était l'anniversaire d'un des plus beaux jours de ma vie.

(Dans la bouche d'André ce ne sont pas là de vaines paroles, car depuis une année, l'amour qu'il ressent illumine toutes ses pensées, domine toutes ses actions.)

Samedi, 15 avril. — Mme Carron souffrait d'un coup d'air, je lus l'*Intrigante* et me fis maladroitement répéter qu'il fallait s'en aller; Julie ayant dit que Mme Sarcey venait, je restai un moment encore plus maladroitement.

(Tout en comprenant ses fautes, il ne saura jamais les éviter.)

Samedi, 22 avril. — Je donnai une leçon d'italien de vive voix. une de division sur le papier; nous fûmes le soir dans les jardins.

Dimanche, 23 avril. — Maman et ma sœur virent Julie et Élise pour la première fois dans le cabinet de Mme Lebœuf où nous entendîmes la messe.

(A cette époque les églises n'étaient pas encore rendues au culte. Un prêtre non assermenté officiait assez secrètement dans une chambre particulière.)

(Mme J.-J. Ampère, sa sœur et Joséphine ne connaissaient jusqu'ici Julie que par les récits d'André, la tante et la cousine de Saint-Germain étaient au contraire, comme nous l'avons dit, déjà en relation de voisinage avec la famille Carron.)

Mercredi, 26 avril. — Je fus rendre Larochefoucauld, je ne trouvai que Mme Carron et lui demandai la permission d'amener maman. Je ne reçus qu'une réponse vague, mais assez satisfaisante. Julie, Élise, ma tante et ma cousine vinrent goûter; je servis le vin blanc, je bus dans un verre rincé par Elle.

(Pressé d'aborder la grande question. André

voudrait bien que sa mère pût obtenir un entretien secret de Mme Carron.)

Dimanche, 30 avril. — J'accompagnai Julie, Élise, M., Mlle Lebœuf, M. Augier à Saint-Germain; nous fûmes nous promener chez M. Maycuvre.

Élise m'avait dit en chemin de ne pas tant regarder sa sœur quand il y avait du monde.

(Encore une maladresse, Élise l'en avertit. Malgré cette mercuriale il semble que les affaires de notre jeune homme font un pas. Si on lui défend de trop regarder Julie devant le monde, en particulier on est donc moins sévère?)

Jeudi, 4 mai. — Je portai les *Anecdotes de Philippe-Auguste,* je trouvai Mlle Boiron. Mme Périsse et ses enfants avec lesquels nous allâmes faire un goûter champêtre en Chaussin. Je clouai auparavant le thermomètre.

Vendredi, 12 mai. — Je fus rendre Bernis et Bernard. Julie me dit d'aller chez ma tante; j'obéis et revins prendre *la Princesse de Clèves.* Nous goûtâmes de brioches.

Samedi, 13 mai. — Je fus avec maman et ma sœur chez ma tante, qui nous mena chez Mme Carron. Je me promenai avec Julie, Élise et Joséphine; nous rentrâmes pour savoir l'histoire du petit oiseau, puis j'attachai le trébuchet à l'arbre de son nid. Dans le jardin, Élise, Joséphine et Julie s'assirent sur le banc, moi à côté d'*elle* sur l'herbe; on goûta; nous fûmes bien mouillés en nous en allant.

Jeudi, 18 mai. — Je ne trouvai que Mme Périsse, ses enfants et Élise, qui me proposa d'apporter mon étui de mathématiques à son neveu.

Lundi, 22 mai. — Je donnai une leçon à M. Périsse, qui réussit fort bien.

Mercredi, 24 mai. — Élise me donna des fleurs d'acacia, de seringa et de jasmin jaune pour Joséphine.

Samedi, 27 mai. — En entrant je vis Mme Carron à table avec deux de ses filles. J'eus bien peur que Julie ne paraisse pas; elle vint enfin, fit mille grâces à Joséphine. Je donnai une leçon à M. Périsse. Julie s'assit auprès de moi et me parla.

Vendredi, 9 juin. — On m'empêcha de donner une leçon à cause de ma toux; je m'en fus d'assez bonne heure, emportant Gresset et le troisième volume de l'*Histoire de France*. Julie me montra le solitaire que j'avais deviné la veille; je fus m'asseoir près de Julie, où je restai jusqu'à la fin.

A l'occasion des airs et des chansons, je laissai *C'est en vain que la nature* sur la table. Je mangeai une cerise qu'elle avait laissée tomber, je baisai une rose qu'elle avait sentie; à la promenade, je lui donnai deux fois la main pour franchir un hausse-pied, sa mère me fit sur le banc une place entre elle et Julie; en revenant je lui dis qu'il y avait longtemps que je n'avais passé de jour si heureux, mais que le spectacle de la nature n'était pas celui qui m'avait le plus charmé; elle me parla toujours avec beaucoup de grâce et de bonté.

Dimanche, 18 juin. — Je la vis à la messe à Curis [1]. Joséphine lui parla jusqu'au moment où nous la quittâmes devant le cordonnier; dans le château, Julie n'avait causé qu'avec Élise.

---

1. Nom du château appartenant à la famille Lebœuf.

Mardi, 20 juin. — J'ai été avec maman et ma sœur dîner chez ma tante à Saint-Germain. Nous *y* fûmes ensuite, nous jouâmes au domino et au solitaire.

Mercredi, 21 juin. — Nous *y* allâmes de bon matin, je ne *la* quittai que vers dix heures. Joséphine fut charmante et Julie lui montra beaucoup d'amitié.

Samedi, 24 juin. — Nous fûmes voir l'éclipse à Saint-Germain. J'allai avec Julie, Élise, M. et Mme Périsse et Joséphine me promener dans le jardin anglais de M. Mayeuvre. Je m'assis auprès d'*elle*. Pendant ce temps-là Mme Carron s'expliquait avec maman. Le temps ne se découvrit qu'à six heures dix minutes, après le milieu de l'éclipse; mais j'en observai exactement la fin à six heures trente-cinq minutes, comme je l'avais calculé à ma montre et à celle de M. Périsse, avec la lunette de M. Rapt.

Mardi, 27 juin. — Je portai un panier de groseilles, Élise en mangea avec beaucoup de plaisir, mais elles étourdirent Julie. Je fus le soir voir ma tante, toute la maison Carron y vint un instant ; Julie daigna faire avec moi une longue conversation.

Jeudi, 29 juin. — Ma sœur et maman restèrent seules avec elles et leur parlèrent longuement pendant qu'Aguarite me faisait enrager sous prétexte de prendre mon panier. Je raccommodai le couteau de Julie, et je m'en fus à neuf heures trois quarts.

Samedi, 1ᵉʳ juillet. — J'y fus porter des fleurs de tilleul et me promener dans le jardin avec ma sœur et Julie ; *elle* fit à Joséphine un bouquet de jasmin, de troëne, d'aurone et de campanule double, dont elle me donna une fleur ; je l'ai mise dans le petit *tableau.*

Dimanche, 2 juillet. — Nous les vîmes après la messe, ma sœur se plaça auprès de Julie. Je lui donnai ces vers :

> Que j'aime à m'égarer dans ces routes fleuries
> Où je t'ai vue errer sous un dais de lilas !
> Que j'aime à répéter aux nymphes attendries,
> Sur l'herbe où tu t'assis, les vers que tu chantas !
> Au bord de ce ruisseau dont les ondes chéries
> Ont à mes yeux séduits réfléchi tes appas,
> Sur les débris des fleurs que tes mains ont cueillies,
> Que j'aime à respirer l'air que tu respiras !

Les voilà, ces jasmins dont je t'avais parée ;
Ce bouquet de troëne a touché tes cheveux.

Lundi, 3 juillet. — Elles vinrent enfin nous voir à trois heures trois quarts. Nous fûmes dans l'allée, où je montai sur le grand cerisier, d'où je jetai des cerises à Julie ; Élise, ma sœur, tout le monde vint ensuite. Je cédai ma place à François, qui nous baissa des branches où nous cueillions nous-mêmes, ce qui amusa beaucoup Julie. Elle s'assit sur une planche, à terre, avec ma sœur et Élise, et je me mis sur l'herbe à côté d'elle. Je mangeai des cerises qui avaient été sur ses genoux. Nous fûmes tous les quatre au grand jardin, où elle accepta un lis de ma main ; nous allâmes ensuite voir le ruisseau ; je lui donnai la main pour sauter le petit mur et les deux mains pour le remonter ; je restai à côté d'elle au bord du ruisseau, loin d'Élise et de ma sœur ; nous les accompagnâmes le soir jusqu'au moulin à vent, où je m'assis encore près d'elle pour observer, nous quatre, le coucher du soleil qui dorait ses habits d'une lumière charmante ; elle emporta un second lis que je lui donnai en passant.

(Cette date, écrite en lettres majuscules,

prouve à quel point le *3 juillet* semble mémorable à André ; son amour ne le trompe pas, il a raison d'attacher un grand prix à la démarche de ces dames.

Elles vinrent enfin!! quel bonheur! Julie sous son toit, chez lui, dans son jardin, au pied du grand cerisier, cueillant et recevant des fruits, faveur inexprimable! félicité sans borne! André a mangé des cerises qui ont été sur les genoux de son amie.

Jean-Jacques Rousseau, passant une journée à Thune entre deux jolies filles assez dégourdies, Mlle de Graffenried et sa compagne. Mlle Galey, raconte à peu près la même scène ; l'auteur des *Confessions,* à peine âgé de seize ans, se croit très-innocent, tout plein de naïveté ; il est timide et novice sans doute, mais les vingt-deux ans d'André m'inspirent plus de confiance.

Celui qui nous parle scrupuleusement de son parapluie, d'une tapisserie et d'un baromètre à clouer, d'une toile à mesurer, sait trouver des accents d'une poésie d'une pureté incomparable. Ici on pleure d'attendrissement, plus loin on se prend à sourire de tant de simplicité.

Cette puissante nature est toute faite de pareils contrastes. Saint-Preux, cet autre professeur, héros d'un roman célèbre, qui lui aussi aime une Julie, écrivait des tirades passionnées, mais, pour émouvoir ses lecteurs, avait-il le secret d'Ampère ?)

Jeudi, 6 juillet. — Comme je donnais ma leçon à M. Périsse, sur la table du fond, on me dit que je serais peut-être mieux sur la table où était Julie, et je vins m'y placer. Elle chanta ensuite, et j'en fus enchanté.

Lundi, 10 juillet. — Je portai un panier de framboises et de groseilles, un autre d'orchis pour le jardin d'Élise. Nous allâmes avec Julie dans le jardin, où ma sœur l'aida à plier des chemises ; je leur lus le discours de M. Derieu et la réception de l'ambassadeur ottoman. Nous fûmes dîner tous ensemble chez ma tante. Je lus une aventure extraordinaire de la Bibliothèque de campagne, et la gouvernante de la chaussée ; l'arrivée de Mlle Lebœuf, de MM. Navarre et d'Acosta, nous interrompit.

Mardi, 18 juillet. — J'y portai encore un panier de groseilles que je glissai sur une chaise par le joint de la porte. Je fus dans le verger, où étaient Mmes Carron, Périsse et Julie. Je lus *Kilpar*. En rentrant le soir, nous restâmes derrière, et comme je parlais de Kilpar, disant que tous les hommes ne lui ressemblaient pas, elle me répondit : « Je crois *si peu... si peu !* »

(Que veulent dire ces mots ? Est-ce un doute qu'elle exprime sur la tendresse ou la fidélité des hommes ? Il me semble pourtant que jusqu'ici Mlle Carron n'a pas le droit de s'en plaindre.)

Vendredi, 21 juillet. — Je fus rendre les quatre volumes de *Roland,* je restai un moment seul avec elle, et je commençais un tendre préambule quand tout le monde rentra. Le soir nous fûmes encore lire *Kilpar* dans le verger.

Lundi, 24 juillet. — Julie n'y était pas quand nous arrivâmes ; sa mère demanda, avec une espèce d'inquiétude, où elle était ; Mme Périsse l'ayant appelée en vain, Élise dit à ma sœur : Allons la chercher, et je les suivis. Elle était dans le grand jardin, au bosquet. Julie voulut aller dire bonjour à maman, ce qu'elle fit avec

beaucoup de grâce ; après je lus *Kilpar* et *lui*
donnai une leçon d'italien, une de mathématiques à M. Périsse. On goûta, nous fûmes dans
le bois de M. Roux. Mme Carron resta avec maman. Je fus presque toujours avec Julie pendant que ma sœur marchait auprès des siennes.
Elle me parla avec beaucoup de grâce.

Jeudi, 27 juillet. — Je lus 250 pages de
Kilpar, pendant lesquelles Julie dit : « C'est de
la pâte qu'on pétrit; » et quand Élise voulut le
justifier par sa prétendue folie, elle dit que
c'était une folie de raison.

Je leur donnai à chacune une leçon d'italien.
Julie ne voulut pas rester seule avec moi pendant la sienne et sortit pour s'asseoir sur le
banc où était sa sœur. Je lui portai une chaise,
j'en mis une pour moi à côté et lui donnai sa
leçon.

Samedi, 29 juillet. — Tonine ayant dit tout
bas en me voyant : « Restera-t-il toute l'après-
dînée ? » on ne voulut pas prendre de leçon ;
me trouvant seul avec Julie, je parlai de mon
départ; elle me fit un signe de silence,, qui
semblait un signe d'intelligence. Je demandai
alors un mot d'entretien, mais sans succès.

Mardi, 1ᵉʳ août. — J'y fus avec ma sœur et ma Tatan. Tonine était partie, je voulus inutilement donner une leçon à Julie ; en nous accompagnant, elle me fournit l'occasion de lui parler, mais je ne sus pas en profiter.

Vendredi, 18 août. — Je revins de Claveizolle avec M. Coupier et j'arrivai chez Mᵐᵉ Carron à trois heures. Julie était sortie avec Aguarite. Élise, m'ayant fait monter en haut sous le prétexte de la poudre, me dit de tâcher de la dissuader de ses anciennes conjectures. Je m'assis en conséquence dans le verger loin de Julie, qui me regarda plusieurs fois d'un air d'étonnement et d'inquiétude.

(Que peut avoir conjecturé la prudente Élise, si ce n'est qu'André cherche trop souvent à se rapprocher de sa sœur ?)

Vendredi, 25 août. — Je fus à Saint-Germain en revenant de Lyon. Je fis part à Mᵐᵉ Carron des propositions de M. Périsse, qu'elle n'approuva point.

(M. Périsse proposait à André de se charger de l'éducation de son fils.)

Lundi, 28 août. — Élise, Aguarite et Mme Carron furent dans le cabinet faire des vers à M. Lebœuf ; je restai avec Julie et Mme Périsse.

Vendredi, 31 août. — Je les trouvai à table ; après dîner, nous accompagnâmes Aguarite à la diligence jusqu'au bois de M. Roux ; je donnai la main à Julie comme aux autres pour passer et repasser le hausse-pied ; de retour, je lus Saint-Lambert, entre autres une élégie très-passionnée (*Je me sentais auprès des belles*). Mme Carron ayant été dans le verger, je la consultai encore ; elle me conseilla d'aller chez M. Périsse passer quelque temps sans prendre d'engagement. Je repris la lecture d'*Adèle ;* mais. quand Mme Périsse s'absentait, je m'interrompais pour me plaindre de mon sort, et je continuai si bien, que Julie finit par s'en mêler et me donner le même conseil que sa mère ; je dis entre autres choses devant Julie qu'elle savait bien qu'elle disposait seule de ma vie et non pas moi. Je restai un moment. en tête-à-tête avec elle. sans oser lui parler de rien que du roman d'*Adèle.*

Lundi, 4 septembre. — J'y fus l'après-dînée avec maman et ma sœur ; à peine étions-nous arrivés, que survint M. Vial. Il vit que je savais la géométrie, et m'engagea à aller à Paris si ma famille ne me faisait pas un sort, ce qu'il répéta tant en sortant, que Julie le poussa par les épaules en lui disant : « Allez-vous-en, nous n'avons pas besoin de vos conseils. » Nous fûmes chez M. Mayeuvre. maman resta avec Mmes Carron et Périsse. et leur parla tant de moi et fit si bien qu'il faut compter ce jour entre les plus heureux. Pendant ce temps, nous jouâmes aux cachettes et aux devises ; je lui fis celle-ci : Habillé d'insensibilité, doublé d'amour; et pour devise : Que la doublure prenne la place du dessus.

(« Allez-vous en, dit Julie à M. Vial en le poussant par les épaules. nous n'avons pas besoin de vos conseils ! » Quel aveu ! et combien la modestie d'André doit être *incurable* s'il ne devine pas qu'à dater de ce moment le cœur de Julie lui appartient !)

Jeudi, 7 septembre. — Elle repassait. quand j'y fus rendre un volume de *Télémaque*; je donnai une leçon de géométrie à M. Périsse; Julie revint; M. Périsse lui montra le jeu de l'hypoténuse en carte, et, comme j'avais parlé plusieurs fois des carrés **AA BB**, elle lui demanda ce que c'était **PP** en algèbre; sur quoi je répondis que c'était ce qu'il y avait de plus charmant et une chose incomparable : ce qui la fit rire.

A la promenade, elle chanta *Linval et la Veuve;* on me chargea de l'invitation pour dimanche.

Vendredi, 8, la Nativité. — Je la vis après la messe, elle s'avança vers moi pour me dire bonjour.

Dimanche, 10 septembre. — Il avait plu, je fus seul à Curis, où j'appris tous les malheurs. Revenus chez Mme Carron, nous ne parlâmes que de cela ; nous lûmes les journaux. Maman, ma sœur et ma tatan arrivèrent, nous dînâmes tous ensemble ; après, on fit des petits jeux. Ma pénitence étant de dire une vérité à qui je voudrais, je lui dis : « Mademoiselle, vous êtes charmante, mais *je ne vous aime pas.* » Le soir, elle nous accompagna jusqu'au grand pré ; pendant ce temps-là, je lui rappelai que mon bonheur ou mon malheur ne dépendait que d'elle.

(Ces malheurs, qui n'empêchent point de se livrer à ces jeux innocents, font allusion au 18 fructidor, qui atteignait plusieurs de leurs amis [1].)

Mercredi, 13 septembre. — Elle me dit de faire une charade, je fis celle-ci :

Mon premier plaît aux rois comme aux bergers,
Mon second vient des climats étrangers ;
Pour achever de me faire connaître,
On voit mon tout en vous voyant paraître.

Mais elle réussit fort mal ; on distribua les gazettes que je lus, Mme Carron me dit de ne plus apporter de fruits d'un air très-affligeant.

Samedi, 23 septembre. — Nous mesurâmes la distance du clocher de Saint-Germain.

1. André était né dans un milieu royaliste. Il vit revenir les Bourbons avec joie, mais le triomphe de ses opinions, les maux que souffre son pays, coûtent cher à la tendresse de son cœur, à son amour pour l'humanité.

Après la bataille de Waterloo, il écrit à un de ses amis : « Je suis comme le grain entre deux meules : rien ne pourrait exprimer les déchirements que j'éprouve ; je n'ai plus la force de supporter la vie ici. Il faut à tout prix que j'aille vous rejoindre, il faut surtout que je fuie ceux qui me disent : « Vous ne souffrirez pas personnellement ; » comme s'il pouvait être question de soi au milieu de semblables catastrophes ! »

Mercredi, 27 septembre. — Je la trouvai qui venait d'arriver avec sa sœur ; elle rougit en me voyant et me parla avec beaucoup de grâce. Le soir, assis à ses côtés, nous causâmes long-temps de *jardins*.

Lundi, 2 octobre. — Nous convînmes qu'elles viendraient dîner le lendemain à Polémieux.

Mardi, 3 octobre. — Je fus les chercher le matin ; après le dîner, nous fûmes au ruisseau, je lui donnai la main au petit mur. Ensuite, on fit des jeux où je mêlai mon histoire de ma-nière à faire rire Mme Carron. On me donna deux mots à mettre en vers.

Vendredi, 6 octobre. — J'y portai la fable du *Chat* et du *Rat,* que j'avais faite la veille ; elle réussit très-bien ; je donnai la leçon à M. Périsse. Julie ne voulut jamais me montrer des vers qu'elle avait faits sur le rat gris et la constance. Je donnai aussi l'idylle des petits oiseaux et la chanson : *Heureuse Philomèle,* où Julie effaça son nom, mais sans se fâcher de mon étourderie.

Lundi, 9 octobre. — J'y fus dîner avec ma-man et ma sœur. Julie me laissa mettre à côté d'elle à table ; dans la soirée, nous accompagnâmes Élise qui partait par la diligence. En revenant, je lus un peu d'*Adèle,* et j'eus une conversation avec Julie sur la *sensibilité.*

Ma tante me reprocha la crainte que j'avais qu'elle ne perdît son procès. Julie mena ma sœur au jardin voir des asters, et me parla de cette affaire. Nous fûmes nous asseoir sous la treille. Elle nous suivit jusque dans la luzernière avec sa nièce ; je ne pensai pas à donner la main pour y monter. Elle me le reprocha, l'attribuant, comme cela était vrai, aux soucis que me donnait l'affaire de ma tante.

(L'intimité des deux familles se resserre de jour en jour, on dîne à Polémieux, chez Mme Ampère ; Julie fait mettre André à ses côtés, lui reproche d'être distrait, de ne pas offrir sa main pour monter à la luzernière. Si la jeune fille ne veut pas encore engager sa liberté, elle ne permet plus au jeune homme de garder la sienne ; seule, elle l'évite quelquefois, et nous la verrons pourtant d'assez froide humeur quand la timidité de son amoureux le fait arriver trop tard. Julie n'est pas coquette, mais elle est femme.)

Jeudi, 12 octobre. — Julie coupa la robe de Joséphine ; je lus *Adèle,* ma tatan vint nous rejoindre, plaisanta beaucoup avec Julie, qui lui paraît presque aussi aimable qu'à moi.

Vendredi, 13 octobre. — Après le goûter, nous accompagnâmes ces dames jusqu'à plus de moitié chemin dans les prés ; Julie daigna me parler assez longtemps dans cette promenade.

Jeudi, 19 octobre. — Je portai des champignons à Mme Carron, qui lui firent grand plaisir ; je lus *la Rosière;* Sophie fit des mines dont Julie parut embarrassée et rougit ; je donnai une longue leçon à Périsse. J'emportai deux volumes de *Gil-Blas* qu'elle me prêta.

Mardi, 24 octobre. — Julie me reçut d'abord un peu froidement, mais cela passa bien vite. Je dis que je n'étais pas venu la veille à cause des dames Lebœuf. Mme Carron me dit que j'aurais dû dîner avec elle, qu'il y aurait toujours assez pour moi.

Julie et Mme Périsse plaisantèrent ; *elle* parut s'amuser et rire de bon cœur, ce qui me fit grand plaisir.

Jeudi, 26 octobre. — J'y portai un petit panier de châtaignes. Je trouvai en arrivant les deux mères à table ; Mme Carron me dit d'aller dans le verger où *elles* étaient ; je n'y trouvai que Julie, qui parut aussi embarrassée que moi ; elle appela Périsse ; je lui glissai quelques mots qui se rapportaient à mes sentiments. Je la pressai inutilement de me donner sa fable du *Rat gris*. Je lui montrai la mienne corrigée. Je voulus retourner un moment au verger où elle était allée étendre du linge, mais elle m'évita avec encore plus d'empressement que la première fois. Sur le soir, elle me dit de lire *Adèle*, ce qui nous donna lieu de parler encore sur les passions. Je fus ensuite chez ma tante, et, en allant prendre mon panier, je revis encore Julie.

Mercredi, 1er novembre. — J'y fus avec maman et ma sœur. Je parlai longtemps de *nouvelles* avec M. Périsse, venu de Lyon. Nous allâmes dans le verger, où j'aidai à lever la lessive ; en badinant, à la suite d'une plaisanterie d'Élise, Julie me donna un charmant coup de poing sur le bras. Nous goûtâmes avec des châtaignes et nous revînmes fort tard.

(Le verger, le linge étendu, la lecture d'*Adèle,* qui provoque une conversation sur les passions, son panier de châtaignes, le charmant coup de poing qu'on lui donne en badinant, le frugal goûter, ce tableau n'est-il pas d'un autre âge ? Soixante et quelques années à peine nous séparent de l'époque où l'heureux André écrivait son journal. Nous sommes loin de cette innocente idylle. Ah ! messieurs les réalistes, vous nous avez fait vieillir vite.)

Mardi, 7 novembre. — Julie me reçut fort bien. Je lui contai la crainte où j'avais été de ne pas la rencontrer, si bien qu'Élise fit *chut !* Julie proposa de lire *Gonsalve de Cordoue,* je ne pus le finir, j'étais pressé, je dis que je reviendrais l'achever le lendemain.

Mercredi, 8 novembre. — J'y fus avec Joséphine ; pendant le goûter, Julie termina quelque chose à la robe de ma sœur. Je dis à Élise que je reviendrais bientôt finir *Gonsalve,* en plaisantant sur ce que ce prétexte venait si à propos, et Julie répondit en riant : « Oh ! avec vous le prétexte est tout trouvé. » Elle nous accompagna avec sa mère.

(*Avec vous le prétexte est tout trouvé.* C'en est fait, Julie sera la femme d'André).

Jeudi, 10 novembre. — Maman m'ayant fait part du projet de ma tante pour mon cours, je le dis d'abord à Élise et à Mme Carron, qui parut l'approuver.

(A présent il est question d'établir André à Lyon pour y faire un cours de mathématiques.)

Vendredi, 11 novembre. — Je portai un pot de renonculier ; en chemin, je fis ces vers que j'attachai à une branche après les avoir écrits chez ma tante :

> Lorsque du sommet des montagnes
> L'hiver descend dans nos campagnes,
> Que les zéphirs n'y règnent plus,
> Les fleurs que l'amour fait éclore
> Peuvent seules leur rendre encore
> Les attraits qu'ils avaient perdus
> C'est lui, c'est sa flamme adorée,
> Malgré le souffle de Borée,
> Qui nous fit naître dans ces lieux ;
> Partout, sous les pas de Julie,
> La terre doit être embellie
> De ses dons les plus précieux.

Julie n'y était pas d'abord, elle vint et me dit sa charade de *Merlin* :

> Mon premier engloutit les hommes, la richesse;
> On sème mon second, dans ses doigts on le presse,
> Et l'on voudrait que mon entier
> Fût pour toujours au fond de mon premier.

Elle me refusa le *Rat*, disant qu'elle n'était pas en train. Alors Mme Carron entra et me demanda ce que c'était que ce pot de marguerites avec une étiquette. Sans rien répondre, je continuai de lire *Gonzalve* rapidement, et je m'en fus.

Dimanche, 13 novembre. — Au jardin, je causai de mes affaires avec Élise; entre autres choses, je dis qu'elle savait pourquoi je désirais une fortune, que sans cette espérance je n'avais que faire de toutes les richesses de la terre. Elle me fit quelques reproches de mon pot de fleurs.

Nous pelâmes des châtaignes et les fîmes cuire à la cuisine. Je m'y trouvai deux fois seul avec Julie; la première, elle me fit des reproches d'un air charmant du pot de fleurs. Je lui en montrai un regret dont elle parut touchée. La seconde fois, je lui parlai du projet de mon cours; elle répondit : *Si je voyais que ça pût vous mener à quelque chose!*

(Il est bien évident qu'un seul obstacle s'oppose au mariage de Mlle Carron et d'André : celui-ci n'a point d'état. La science qui s'amasse dans son vaste cerveau, la passion qui envahit de plus en plus son âme semblent jusqu'ici n'aider en rien à sa fortune.

« Si je voyais que ça puisse vous mener à quelque chose, » ces mots s'entendent, et de reste.)

Mercredi, 16 novembre. — Ces dames faisaient des fleurs de paille, j'en fis une, je soutins la conversation et donnai une leçon à Périsse. Julie me jeta des regards charmants et me dit adieu avec beaucoup de grâce.

Samedi, 19 novembre. — J'y portai *l'Ile inconnue.* Julie regardant les figures, je me mis à genoux devant elle et j'y restai assez longtemps. Elle envoya enfin chercher sa fable que je demandais tout bas à Élise.

> Un solitaire habitant dans les bois
> N'avait, dit-on, pour fournir son ménage,
> Qu'un peu de pain, du fromage et des noix.
> Pauvre et content dans un réduit sauvage,
> Un chien fidèle était son compagnon.
> De son bon maître il gardait la maison.

Un certain soir, tous deux, près de la table,
Après souper, paisiblement dormaient,
Quand par malheur, l'histoire est véritable,
Un gros rat gris, que la faim tourmentait,
Accourt sans bruit, emporte le fromage,
Qui pour l'ermite était friand potage.
En s'éveillant, il fut des plus surpris
De n'en trouver pas même les débris;
Prend sa lanterne et cherche avec constance.
La revue faite, il n'a plus d'espérance.
Se désoler n'aurait servi de rien,
Il se décide à troquer son vieux chien
Contre un bon chat qui promptement s'éveille
Au moindre bruit qui frappe son oreille.
Étant si pauvre, il eut grande raison
De craindre plus les rats que les fripons.

Élise me fit lire les *Pensées* de Cicéron. Le soir, me trouvant seul avec Julie, elle me parla de mes projets comme y prenant beaucoup de part; Mme Carron vint se mêler à cet entretien et elles firent toutes deux l'éloge de l'état d'agent de change.

(On se figure difficilement l'inventeur du télégraphe électrique agent de change, malgré les services que devait rendre un jour une pareille découverte à ceux qui exercent cette profession aussi bien qu'à tant d'autres.)

L'idée de MM^{mes} Carron, qui cherchent en

cette occasion, pour le futur mari, une position lucrative, est assez originale et rappelle ce qui se passait vingt-cinq ans plus tard au foyer du père de famille André Ampère, quand, à son tour, essayant de trouver pour Jean-Jacques un état qui lui permît de gagner quelque argent sans abandonner la science, il crut avoir rencontré ce double idéal dans le talent et la carrière de pharmacien.

Que de fois l'illustre littérateur, le voyageur passionné, l'historien de la ville éternelle, le poëte et le polyglotte avait ri de bon cœur en racontant les naïves insistances de ses parents, et ses propres hésitations à ce sujet !

« Ah ! disait-il, en me trompant involontairement de mélanges ou d'étiquettes, que de dégâts, de crimes, mes distractions ne m'eussent-elles pas fait commettre ! J'aurais empoisonné tout le quartier. »

A cela, ajoutons aujourd'hui que si les clients de son père, agent de change, devaient échapper au péril qui menaçait les siens, ils auraient conservé la vie, c'est vrai, mais leur fortune, attachée à celle du mathématicien, courait de grands dangers.)

Vendredi, 24 novembre. — C'était la veille de sa fête, je fus rendre sa fable du *Rat gris*, que j'avais transcrite pour garder l'original, et dans laquelle je glissai un bouquet en vers. Julie me dit que je faisais facilement les vers, mais qu'elle voulait sa fable et non pas la copie; heureusement que Périsse, qui venait prendre sa leçon, nous interrompit.

Je cessai de lire *Adèle,* quand on vint mettre le poêle; Julie me dit en passant et à mi-voix qu'il fallait songer à mon départ; je partis.

Dimanche, 26 novembre. — Je la vis au château ; elle vint danser avec Élise et Jenny. Elle s'assit auprès de maman, et parla beaucoup avec elle avant et après le souper, quand elle cessait de danser. Je trinquai avec elle quand nous trinquâmes tous avec les Catherines.

Vendredi, 1er décembre. — En arrivant de Lyon, je trouvai les trois demoiselles en train de s'habiller pour aller au château; j'avais dîné au bord de la Saône. Seul avec Mme Carron, je ne lui parlai d'abord que des propositions de M. Périsse pour mon cours; puis j'ouvris mon cœur. Elle me dit plusieurs choses consolantes, qu'elle laissait à maman le soin de décider la fortune qui était nécessaire à mes projets, que quand on possédait l'estime d'une personne et qu'on la méritait. c'était beaucoup. En partant, elle ajouta : « Monsieur Ampère, quel jour reviendrez-vous? » Je répondis : « Dimanche. »

Dimanche, 3 décembre. — Après le dîner, je pris plusieurs fois au jeu du meunier la place que Julie venait de quitter.

Jeudi, 7 décembre. — Elle me fit lire *Adèle,* et trouva l'*Histoire de saint André* peu intéressante; un chameau passa l'après-midi. Le soir, Julie me conseilla différentes choses pour mon ajustement qui marquaient un peu d'intérêt.

(Julie usera souvent, dans l'avenir, de ses droits conjugaux pour exhorter André à réparer les négligences de sa toilette.)

Samedi, 9 décembre. — A Lyon j'appris que son beau-frère était malade, je retournai à quatre heures et demie savoir des nouvelles. J'y trouvai Julie qui parut contente de me voir; elle me chargea d'une lettre pour sa sœur, se mit à la fenêtre pour écouter un concert dans la rue. Elle daigna me demander si la musique me plaisait.

(Très-jeune, André avait composé un traité sur la musique, écrit des lettres à ce sujet dans un petit journal du temps.)

Dimanche, 10 décembre. — Je fus déjeuner chez M. Périsse avec elle. Julie me donna un quart de poire pelée de sa main après en avoir mangé l'autre quart ; elle entra aussi dans mes arrangements, préféra une pension pour moi aux dîners apportés de l'auberge, et une chambre bien meublée pour donner mes leçons, au magasin de M. Périsse.

L'après-midi je portai la lettre de Julie à Saint-Germain et dînai chez Mme Carron.

Lundi, 11 décembre. — J'entrai d'abord chez ma tante ; elle me dit de rester peu chez Mme Carron, que j'avais ennuyée la veille. Celle-ci vint bientôt faire visite à ma tante ; elle me parla de mes projets, et ne me permit de voir Julie que le jour de mon arrivée à Lyon et celui de mon départ.

(Avec quelle consciencieuse naïveté il constate sur le papier que la veille il a *ennuyé* Mme Carron ! Quand Julie sera à Lyon chez sa sœur, André ne pourra la voir qu'en arrivant

et au départ. Toutes ces sévérités n'émoussent
pas plus sa soumission que sa tendresse.)

Mercredi, 13 décembre. — Je ne vis que
M. Périsse, auquel je fus obligé de dire que
Mme Carron m'avait défendu de chercher à rencontrer Julie plus souvent. Il me répondit avec
beaucoup d'amitié.

Vendredi, 15 décembre. — Je déjeunai chez
M. Périsse. Julie vint enfin, je restai avec elle
jusqu'à onze heures du matin. Elle me montra
tous ses bijoux, me dit qu'on avait trop coupé
mes cheveux, et se moqua des merveilleux avec
lesquels elle avait passé la soirée la veille.

(Cette critique de l'élégance exagérée n'est-
elle pas encore une preuve délicate de la bien-
veillance de Julie pour André?)

Lundi, 18 décembre.— Chez M. Périsse, je
parlai un peu à Julie et à sa sœur de mes projets. *Elle* sembla faire peu de cas de l'état que
je voulais embrasser; ces paroles m'engagè-
rent à interroger à ce sujet M. Périsse, qui me
répéta qu'elle avait dit : « J'aimerais mieux
voir M. Ampère dans le commerce. »

(L'état qu'André désirait tout naturellement embrasser était celui de professeur, *lui* qui savait déjà tant de choses et qui devait apprendre *toujours*. Que pouvait-il donc faire de mieux que d'ouvrir les trésors de son intelligence à ceux qui se sentaient capables d'y puiser ?

Quant aux velléités de Julie pour le commerce, elles ne s'expliquent que trop par l'espérance de vaincre ainsi les obstacles d'argent qui retardent son mariage avec celui qu'elle aime.)

Samedi, 23 décembre. — Je revins de Lyon sans m'arrêter à Polémieux; je passai une partie de l'après-midi à lire à Élise l'ouvrage de M. de la Dixmerie : *Des deux âges du goût.* Je lui parlai longtemps de Grandisson, des passions, et je plaignis le sort de ceux qui ignorent s'ils sont aimés. Elle me rappela que l'année passée je disais que je voudrais seulement être sûr de n'être point haï.

Jeudi, 28 décembre. — Julie avait été malade le mercredi, après avoir dansé.

Vendredi, 29 décembre. — Elle allait mieux

et ne vint qu'à midi et demi. Je la quittai à une heure.

Samedi, 30 décembre. — M. Périsse me retint à déjeuner avec elle; je donnai une leçon de mathématiques. Mme Périsse m'invita à dîner, je voulais refuser, Julie me dit : « Est-ce que vous êtes engagé quelque part? »

Lundi, 1er janvier 1798. — Je souhaitai la bonne année à tout le monde, on causa des affaires de mon cours; dans la conversation je dis : « Quand même je logerais chez maman, à Lyon, il faudrait que j'allasse manger chez M. Angles lorsqu'elle serait à Polémieux. » A cela Mme Carron répondit qu'on ne pouvait pas faire des projets de si loin. qu'on ne savait guère ce qui arriverait d'ici là.

En revenant de la messe, ma cousine me dit qu'elle avait prié Dieu pour le succès de mes vœux; je la remerciai; elle ajouta que Mme Carron le désirait autant qu'elle, que tout le monde s'intéressait à moi.

En revenant à Lyon le soir, je sus que Julie avait dansé la veille et se portait si bien, qu'elle redanserait le soir.

Mardi, 2 janvier. — Je montai chez M. Pé-

risse pour y prendre son fils. En redescendant
ensemble : « Entrons ici, » me dit-il. Nous en-
trâmes au premier, où je la vis un moment.
Mais elle était fort triste.

Mercredi, 3 janvier. — Je ne la vis point le
matin avant ma leçon. Je fus chercher la clef à
deux heures, elle venait de dîner; je ne pus
que saluer Julie en disant : « Mon élève m'attend. »

Jeudi, 4 janvier. — Avant ma leçon, je la
vis un moment, toujours en allant chercher la
clef; je lui parlai un peu le soir ; j'y retournai
de cinq à six heures. mais elle était toujours
bien triste.

(Julie n'est plus une enfant; elle connaît
beaucoup mieux qu'Ampère toutes les nécessités de la vie matérielle ; en cette circonstance
décisive pour son avenir. la raison livre chez
elle des combats à l'amour; elle prévoit des
ajournements sans fin. Voilà certainement ce qui
cause sa tristesse à la pauvre fille.)

Vendredi, 5 janvier. — Je ne la vis qu'à deux
heures, en sortant de chez Camille Jordan. Marsil me dit que la clef était au second. Il me

l'apporta bientôt là, ayant voulu ainsi me procurer le plaisir de voir Julie qui était plus gaie et plus riante.

Le soir je retournai chez Mme Périsse ; je passai deux heures à converser avec Julie qui fut bien gracieuse pour moi et m'écouta avec une patience si douce que j'en restai charmé.

Mme Carron vint ensuite et me força d'abréger ma visite plus que je n'aurais voulu.

(Voilà une bienheureuse clef à laquelle André doit beaucoup de reconnaissance. Ces messieurs Périsse sont des hommes compatissants qui ne demandent qu'à aider un peu notre amoureux, et Mme Carron elle-même, malgré ses injonctions précédentes, ne semble pas non plus très-cruelle, car ce n'est qu'après deux heures de conversation avec Julie, qu'elle abrége la visite de cet insatiable jeune homme.)

Dimanche, 20 janvier. — Je fus à Saint-Germain et je parlai un peu à Élise des événements de la semaine et de mon amour.

Mardi, 23 janvier. — J'ai eu beau l'attendre le lundi chez sa sœur, elle dînait dehors et ne vint qu'à six heures, après mon départ.

Je retournai le soir chez Mme Périsse, elle y parut enfin en perruque *brune,* et l'on ne parla que de perruques et de littérature. La petite *Fanchette* nous entretint de son ouvrage, et Julie disant : « Voilà qui est bien intéressant, » j'osai répondre : « Pourtant chacun veut parler de ce qui l'intéresse, heureux ceux qui le peuvent. »

Vendredi, 26 janvier. — N'ayant pu la voir, parce qu'*elle* faisait toujours des visites, je reçus l'*arrêt* de son départ de Lyon ; mais pour me consoler, Périsse me mena déjeuner avec elle.

Samedi, 27 janvier. — Je la vis assez long-temps, elle n'avait pu partir la veille.

Dimanche, 28 janvier. — A Saint-Germain je ne trouvai d'abord que Mme Carron ; Élise vint ensuite et nous ne parlâmes plus que de ma passion.

Mardi, 30 janvier. — Revenu à Lyon, où elle était encore, je la vis après le dîner.

Mercredi, 31 janvier. — Grâce à la pluie qui l'avait empêchée de quitter la ville, je goû-tai avec elle.

Dimanche, 4 février. — Je fus à Saint-Germain où Julie était revenue, mais je ne la vis pas et ne parlai que de choses indifférentes.

Le journal d'André finit là. Les dernières feuilles sont coupées ou perdues.

Pendant l'année qui va suivre, Mme Carron devient veuve, et malgré les préoccupations très-naturelles que lui causent la situation précaire du jeune Ampère, son manque de fortune, ses hésitations de carrière, elle paraît accepter tacitement ses assiduités auprès de sa fille.

Sans pouvoir absolument deviner encore l'homme célèbre qui se cache sous les apparences d'un modeste professeur de mathématiques, on sent pourtant en approchant d'André sa supériorité. Ses camarades, ses amis intimes (dont Ballanche est dès lors un des plus chers), doivent avoir déjà porté sur lui un jugement qui n'étonnera pas l'avenir. Julie, bien entendu, partage l'impression générale ; elle connaît le cœur d'André, admire son intelligence, elle l'aime enfin, et, en dépit de bien des obstacles, consent à lui accorder sa main trois ans après la première rencontre du 10 avril 1796.

Notre amoureux est donc au comble de ses vœux, quand une malencontreuse rougeole le sépare momentanément de sa fiancée. Il se console, en lui écrivant avec la permission de Mme Carron.

« Lyon, 3 mars 1799.

« Mademoiselle,

« Il m'est donc permis de vous écrire ! Je voudrais pouvoir exprimer mille sentiments à la fois ; l'excès de mon amour, celui de ma reconnaissance, les chagrins d'une séparation, les souvenirs charmants, les images délicieuses qui m'ont consolé dans mon exil, tout se presse au bout de ma plume.

« Je serai donc le plus heureux des hommes !! Cette chambre aujourd'hui déserte sera bientôt habitée par une femme adorée ; je pourrai lui consacrer tous les moments de ma vie ; elle sera heureuse de mon bonheur comme je le serai du sien. La confiance, l'amitié, le pur amour partageront nos cœurs ; je la verrai assise devant cette cheminée auprès de cette table ; elle me dira qu'elle m'aime.

« Mais je m'égare, mademoiselle, j'oublie

que vous n'avez pas encore fixé le terme de mes peines.

« Comme il me serait doux de recevoir un petit talisman qui a une merveilleuse vertu pour faire prendre patience aux absents! On n'admet dans sa composition que de l'encre et du papier; mais il ne peut avoir de puissance, s'il ne vient d'un objet chéri.

« ANDRÉ AMPÈRE. »

« Lyon, 5 mars 1799.

Mademoiselle,

« Dès que ma lettre d'hier fut partie, je soupirai après le moment d'en commencer une autre, et ce matin, en me levant, me voilà la plume à la main occupé à répandre mon cœur sur le papier. Que je voudrais que vous y puissiez lire!! Vous ne songeriez plus à différer mon bonheur, vous diriez : S'il ne possède ni l'esprit, ni les agréments qui auraient pu le rendre digne de moi, du moins il sait aimer.

« Une douleur vive m'a ôté le repos et le sommeil, mais elle m'a laissé votre image et mes souvenirs.

« M. Brac ayant fait entrer dans son plan de convalescence un petit séjour à la campagne, je

partirai quand il le prescrira. Il faudra de la
diligence aller à Polémieux ; le chemin passe
par un certain village qu'on appelle Saint-Germain, je serai trop heureux si l'on me permet
d'y faire une pause, dans une jolie maison
blanche placée entre un verger et un petit jardin. Elle sert d'habitation à la plus charmante
personne que vous ayez jamais rencontrée ; si
vous la connaissez, vous me plaindrez de vivre
loin d'elle depuis dix mortels jours.

« 7 *mars*. — Comme le bonheur s'échappe
à mesure qu'on croit y toucher ! Mme Périsse
m'avait dit que tout le monde à Saint-Germain
avait eu la rougeole ; sur ce canevas j'avais bâti
tous les projets dont j'occupais si doucement
mes rêveries ; je viens d'apprendre le contraire,
et voilà mon exil devenu éternel !

« Comme j'oublierais mes ennuis, si je rece-
vais aujourd'hui quelques lignes tracées d'une
main chérie !

« La crainte de compromettre votre santé ne
me laisse plus que des espérances bien éloi-
gnées ; pourtant je n'ai plus aucune trace de
rougeole depuis hier, 6 mars.

« ANDRÉ AMPÈRE. »

DE JULIE CARRON AU CITOYEN AMPÈRE.

« Saint-Germain, vendredi matin.

« Nous voyons avec plaisir, monsieur, que votre maladie ne fait pas errer votre imagination sur des choses tristes. Le talisman composé avec le plus de soin ne pourrait rien ajouter à la magie qui vous environne : tout paraît animé autour de vous ; le coin de la *cheminée*, qui d'ordinaire pour un malade est un endroit fort maussade, vous fait rêver gracieusement. Continuez, monsieur, à faire des châteaux agréables, et en suivant les conseils de prudence que vos amis vous donnent, vous pourrez vraisemblablement jouir bientôt du plaisir de la campagne.

« Vous avez souffert de la tête et vous écrivez des volumes ! C'est vouloir éterniser vos maux. Ce serait folie sans exemple de penser à voyager par un temps aussi froid. Quand il fera beau, c'est alors que je n'aurai plus à craindre la rougeole.

« Le docteur et ces dames en décideront.

« Si vous n'êtes pas soumis à leurs avis, les

talismans ne vous aideront plus à prendre patience.

« Vous voudrez bien, monsieur, me rappeler ainsi que ma sœur au souvenir de mademoiselle votre tante en lui présentant nos respects.

« JULIE. »

DE Mlle CARRON A ANDRÉ AMPÈRE.

Monsieur,

« Lorsque mes enfants étaient petits et malades, pour les engager à garder la chambre, je leur promettais des joujoux et des bonbons; mais pour le grand **M.** Ampère, il lui faut un talisman, si l'on ne veut pas le voir franchir toutes les montagnes du Mont-d'Or.

« Vous ne savez donc pas que je suis la fée transie et que ma puissance n'a point le feu ni l'étendue de votre imagination. Mes talismans sont broyés avec une infusion de patience, quelques grains de calme, un peu de plaisir et beaucoup de modération ; vous diviserez toutes ces parties ; cela vous prendra assez de temps pour ne point fatiguer vos yeux, ce qui pourrait vous faire beaucoup de mal ; à la suite de

la maladie que vous avez eue, il faut éviter
l'application et les impressions de l'air.

« Je suis, avec considération,

« ANTOINETTE BOYRON, veuve Carron.

« Bien des choses à madame votre mère,
ainsi qu'à la chère tante. »

« Lyon, 13 mars 1799.

« Mademoiselle,

« Mille fois merci du charmant talisman !
Le plaisir de le lire et de le relire, de le mettre
sous mon chevet, dans mon portefeuille, m'a
procuré un sommeil si doux, de si délicieux
rêves, qu'il n'y a point de maux qui eussent
pu résister.

« Demain, à sept heures, je m'embarque
avec ma tante sur la diligence de Neuville ; à
dix heures, j'aurai déjà traversé la Saône ; me
voilà montant à Saint-Germain par le chemin
des amoureux ; jamais il n'aura mieux mérité
ce nom. J'aperçois bientôt dans le lointain la
jolie maison blanche, et mon pas devient plus
rapide.

« Pour ne point quitter ma tatan au milieu

du bois, je reviens cinq à six fois au-devant d'elle. O disgrâce imprévue ! il faut l'accompagner chez Mme Sarcey. Voilà un des plus beaux instants de ma vie retardé de cinq minutes ! Cinq minutes sont bien longues dans une pareille circonstance. Mais les pieds me brûlent, et j'abrége ma visite en disant que Mme Périsse m'a donné telle ou telle commission. C'est alors que mon cœur bat, je traverse rapidement le peu d'espace qui me reste à parcourir. J'entre dans la cour, j'approche de la porte, je l'ouvre. Il n'y a point d'expressions qui puissent peindre les sensations que j'éprouve ; le cœur de Julie saura lire dans le mien, à travers mon embarras, mon air gauche et contraint.

« Daignez, mademoiselle, redire à ma seconde maman tous mes sentiments de reconnaissance.

« A demain, à demain.

« AMPÈRE. »

J'en passe, et des *meilleures*. Cette correspondance de quelques jours, véritable conjugaison du verbe *aimer*, se termine le 13 mars.

L'heureux convalescent reprend alors le chemin de la petite maison blanche, et, le 6 août

1799 (15 thermidor an VII), André-Marie Ampère, fils mineur de J. J. Ampère, défunt, et de vivante Antoinette de *Sutlières* Sarcey, épouse, en la paroisse de Polémieux Mont-d'Or, demoiselle Catherine-Julie Carron, fille majeure de feu Claude Carron et de vivante Antoinette Boyron, de la paroisse de Saint-Germain, Mont-d'Or.

Le jour du mariage, on dîne en famille chez la mère de Julie, où l'ami du cœur Ballanche chante le bonheur d'André dans un épithalame en prose.

La première année de cette union réalise toutes les joies rêvées et attendues avec une constance si rare. Julie, qui est dans une situation intéressante, suit sa mère à Saint-Germain au printemps de 1800 (an VIII), tandis que son mari donne des leçons de mathématiques à Lyon. Une fois par semaine, il va retrouver sa femme à la campagne. Dès ce moment, quelques lettres d'André nous initient aux tendresses, aux projets, aux préoccupations de son ménage, à la sollicitude que lui cause déjà la santé de sa Julie, qui va s'altérant de jour en jour, après les épreuves de la maternité. Dans la page suivante, il parle d'abord de ses deux Julies, croyant à la naissance d'une fille. Jean-Jacques la remplacera, aura-t-il à le regretter? Le petit tableau, c'est la campanule encadrée, nous connaissons le talisman; le portefeuille de satin rose, orné de deux chiffres entrelacés et brodés, recevait ce qu'il appelait ses trésors, les réponses de Julie. Toutes ces reliques amoureuses se trouvent encore enveloppées avec les autographes du mari et de la femme sous le même cachet.

D'ANDRÉ AMPÈRE A Mme JULIE AMPÈRE CHEZ Mme CARRON, A SAINT-GERMAIN, MONT-D'OR.

« Lyon, mardi matin.

« Pourquoi tous mes jours ne s'écoulent-ils pas auprès de toi? Si je suis méchant quelquefois, c'est que je reste trop longtemps sans respirer l'air de douceur et de bonté que tu exhales.

« Mes deux Julies se portent-elles bien, la plus petite saute-t-elle toujours, te rappelle-t-elle que son papa ne vit que pour toi?

« Du 16, mercredi.

« Je fus bien attrapé hier quand je voulus

faire mon inventaire. Je ne sais où tu as mis une partie de mes trésors. En prenant mon portefeuille, je n'ai trouvé que le petit tableau que j'ai baisé de bon cœur ; j'aurais eu encore plus de plaisir à baiser le talisman, mais tu me l'as caché, petite méchante ; c'était bien assez de me défendre d'aller si souvent à Saint-Germain sans me priver aussi de cette dernière consolation.

« Je n'ai point encore placé la violette à côté de la campanule, je la laisse un peu sécher dans le livre où elle est en presse.

« Toutes ces dames sont à Bellerive, Marsil vint me voir hier matin, et me dit que Mme Périsse ne tarderait pas à revenir.

« Adieu, tu te moquerais encore si je mettais là un baiser ; cela me ferait pourtant bien plaisir. Adieu.

« AMPÈRE.

« J'ai emporté dans ma poche un livre d'heures qui appartient à ma tante. »

D'ANDRÉ AMPÈRE A Mme JULIE AMPÈRE CHEZ Mme CARRON,
A SAINT-GERMAIN, MONT-D'OR.

« Vendredi matin.

« Je t'écris à la hâte, ma Julie, des nouvelles
de Mme Périsse. Elles sont on ne peut meilleures ; Julien Périsse est né hier entre sept et
huit heures du soir.

« Quand Louison m'a éveillé ce matin, que
je faisais un joli rêve ! quel tort elle m'a fait !
Je rêvais que je voyais ouvrir mes rideaux par
ma Julie arrivant de Saint-Germain pour visiter sa sœur, et venant d'abord chez son mari ;
elle n'avait qu'un jupon de bazin, un corps de
toile et un petit mouchoir qui laissait entrevoir
quelque chose de bien blanc, et deux boutons
de rose ! Ah ! mon amie, comme je t'embrassais
de bon cœur, quand la grosse voix de Louison
a frappé mon oreille, au lieu de cette voix si
douce que j'aime tant. Ce réveil m'aurait mis
au supplice sans l'espérance de te revoir demain ! Que deux jours et une nuit sont longs !
que je t'aime !

« Je t'écris en donnant une leçon qui me dé-

tourne sans cesse. Adieu, voici encore M. Les-
cure qui arrive, il faut te quitter pour lui ; je
ne sais ce que je lui ferais.

« AMPÈRE. »

A son tour Julie devient mère. André s'ac-
cusera désormais de toutes les douleurs de sa
femme. « J'ai raison de me détester, répète-
t-il à ce propos. Je pense encore, mon amie,
au mal que tu t'es fait en te tenant éveillée pour
bercer le petit, et en me faisant croire que tu
allais t'endormir, afin que je m'endormisse.
J'ai pleuré de regret en chemin de ma bêtise ;
promets-moi de me laisser faire au prochain
voyage, je veux le soigner moi-même. Tu ou-
blies, ma pauvre petite, que ta santé est bien
délicate, que tu as à présent des occupations
rudes, et que tu ne dors pas la moitié de la
nuit.

« Si tu ne veux point empoisonner tout mon
bonheur et me faire haïr, s'il était possible, ce
que j'aime le mieux après toi, permets qu'on
te garde le petit en bas depuis huit heures jusqu'à onze ; Françoise aura encore sept heures
pour se reposer, tu trouveras que ce n'est pas
assez, *toi* qui, épuisée, tourmentée de toutes

les manières, n'obtiens pas un moment de véritable calme ; tu peux compter sur elle, je te réponds de sa prudence. Ton petit boira un bon lait, son papa n'aura plus les craintes continuelles qui l'agitent, et regrettera moins de ne t'avoir pas priée à genoux de le mettre en nourrice. Je donnerais à présent la moitié de ma vie pour qu'il y fût.

« Ma bienfaitrice, ma bien-aimée, je t'aime cent fois plus aujourd'hui que tous les jours, parce que je pense davantage à ce que mon bonheur te coûte et ce qu'il t'en coûtera pour celui du petit être qui est ton enfant et le mien.

« AMPÈRE. »

D'ANDRÉ AMPÈRE A Mme AMPÈRE,
A SAINT-GERMAIN, MONT-D'OR.

« Du lundi.

« Mon amie, je viens d'écrire une quantité d'idées mathématiques dont j'avais besoin pour mon ouvrage.

« J'ai un nouvel élève ; à ton retour, je pourrai t'offrir une bonne recette et un compte bien en ordre.

« Hier Ballanche m'apporta ses productions, et nous restâmes à les lire jusqu'à neuf heures un quart.

« Mercredi.

« Mes expériences ont paru réussir complétement, mais j'ai eu recours à un peu de supercherie qui, du reste, n'a rien gâté.

« J'éprouve tous les jours davantage qu'il n'y a que pour toi que je me soucie de vivre. Hier, faisant des préparations avec de l'acide sulfurique, il me semblait que je n'aurais point eu de répugnance à en boire un verre, si ce n'était que ma Julie est à moi et le petit qu'elle m'a donné.

« AMPÈRE. »

Il ne s'agit point ici d'idées de suicide, mais d'un sentiment passager de détachement terrestre pour tout ce qui n'est pas sa Julie ou son enfant.

Les impressions mélancoliques n'ont jamais été étrangères à la nature d'André. Assez rares dans la période de sa jeunesse, elles deviennent presque habituelles quand il a perdu Julie et qu'il avance en âge. Dès lors, quelle que soit la date de sa correspondance, on n'y trouve jamais l'expression de la sérénité, mais plutôt un certain sentiment de fatigue que lui causent les agitations incessantes de son cœur et de son cerveau. Il ne connaît guère le repos ; pour lui, les jours, les heures ne s'écoulent point, mais se précipitent. La passion de la science le dévore et l'entraîne, ses affections le consument, toute sensation de bien-être moral, fût-elle momentanée, lui échappe, et malheureusement les circonstances qui l'entourent favorisent et développent trop souvent ces dispositions. Si les ennuis, les embarras, les inquiétudes de la vie, ne le touchent pas personnellement, il souffre pour les siens, pour ses amis ou pour l'humanité. En 1816, c'est ainsi qu'Ampère parle à Ballanche, qu'un chagrin de famille désole : « Je sais combien tous les discours sont vains quand le malheur accable ; je sais quelle impression font sur une âme souffrante ces raisonnements de résignation, *non ignara mali*. Voilà donc ce que c'est que la vie ? On devient trop triste quand on y songe, à moins que ce sujet si triste ne devienne un sujet de joie et de consolation, comme cela est arrivé à Bredin. Oh ! mon ami, tu devrais bien voir souvent cet homme admirable; sa conversation calmerait tes peines. Ce ne peut être qu'ici, près de moi, que tu retrouveras la paix, le calme nécessaire au développement de tes talents, de ces talents dont tu dois compte à tes semblables, à toi-même. N'enterre pas le talent que tu as reçu, comme le méchant serviteur de l'Évangile. Ballanche, mon ami, cherche à secouer ta douleur, à te retirer dans ce sanctuaire de la pensée, où l'homme apprécie le peu qu'est cette vie. »

A la date de 1818, il nous tombe encore sous les yeux ces lignes, toujours adressées à Ballanche.

« Je suis tellement agité de pensées diverses, d'inquiétudes de tous genres, que je n'ai pas un moment à donner aux occupations qui pourraient seules me délasser un peu. Quand je veux m'y livrer à l'unique instant dont je puisse disposer, c'est-à-dire le soir, ma tête est si épuisée, que je ne trouve plus une idée. Mon ami, c'est un tourment continuel. Qui aurait cru que Ballanche et Ampère, l'un à Lyon, l'autre à Paris, laisseraient finir deux mois sans s'écrire? De ces deux mois, l'un a passé en examinant chaque jour neuf à dix heures; ah! l'autre a disparu comme un éclair, que m'en

reste-t-il? des pensées, qu'un autre mois effa-
cera peut-être. Le sentiment de la nullité de
cette existence porte dans tout mon être, plus
profondément que jamais, je ne sais quelle as-
piration vers une autre vie, seule consolation
que l'on puisse avoir sur la terre. »

Oui, selon l'expression de Ballanche, qui
connaissait bien Ampère, *c'est un brasier qui
était dans son cœur.*

Mais revenons aux jours heureux du jeune
mari, jours trop courts, déjà mêlés de peines,
qui représentent pourtant la seule phase de
calme relatif que pût goûter jusqu'à la fin de
sa vie cette belle âme, ce génie toujours bouil-
lonnant.

D'ANDRÉ AMPÈRE A Mme JULIE AMPÈRE,
A SAINT-GERMAIN.

« Lyon, du mercredi soir.

« Julie se souvient-elle de l'amandier, des
derniers baisers qu'elle m'a donnés avant-hier?
J'ai le cœur serré toutes les fois que j'y pense,
et j'y pense toujours. Ma pauvre petite, quand
seras-tu bien contente, bien heureuse comme
tu mérites de l'être? Voilà que tu vas me dire

que je t'attriste. Je veux t'égayer en te donnant des nouvelles de noce.

« Un poëte de ta connaissance se marie, il épouse une fille unique; devine son nom; un métaphysicien de ta connaissance se marie, il épouse une fille unique, devine son nom; un mathématicien de ta connaissance se marie, il épouse une fille unique, devine son nom. Le nom du poëte commence par un *B,* le nom du métaphysicien par un *B,* le nom du mathématicien par un *B*. Si tu trouves cette énigme trop difficile, tu n'as qu'à en demander le mot à Mme Carron, qui aime également ces trois génies sous un seul chapeau.

« Hélas! pendant que je m'amuse à t'écrire des balivernes, peut-être que notre petit crie et ne te laisse pas tranquille. Chère Julie, dis-lui d'être bien sage en lui donnant le baiser que tu as promis à ton mari le soir en te couchant; qu'est-ce que ce mari? y songes-tu quelquefois? n'y penses-tu qu'au moment où son fils te fatigue ou te réveille? Pardon, pardon pour ce petit, il fait mal sans le savoir. il deviendra bon, presque aussi bon que sa maman à force de sucer son lait.

« Bien des choses à tous ceux que nous aimons; embrasse Élise et des deux côtés. Quoique ces baisers courent les rues, ils n'en sont pas moins précieux pour moi. Adieu, ma bien-aimée.

« AMPÈRE. »

Ce métaphysicien, ce poëte, ce mathématicien, n'est autre que l'ami Ballanche, alors épris d'une jeune fille lyonnaise, qu'il espéra vainement épouser. De ce rêve poétique caressé à vingt-trois ans, on retrouve la trace touchante dans une page écrite en 1830 par l'auteur de l'*Antigone*.

« Le 14 août 1825, dit-il, une belle et noble créature qui m'était jadis apparue, et qui habitait loin des lieux où j'habitais moi-même, une belle et noble créature, jeune fille alors, jeune fille à qui j'avais demandé toutes les promesses d'un si riche avenir; en ce jour, cette femme est allée visiter, à mon insu, les régions de la vie réelle et immuable, après avoir refusé de parcourir avec moi celles de la vie des illusions et des changements. Hélas! je dis qu'elle avait refusé; mais il y a là un mystère de malheur, que je ne saurai jamais sur la terre. »

D'ANDRÉ AMPÈRE A Mme JULIE AMPÈRE,
A POLÉMIEUX.

« Je viens, ma charmante amie, de chez
M. Petetin, à qui j'ai fait toutes les questions
dont nous étions convenus. Il ne voit aucun
inconvénient à sevrer le petit, et regarde sa co-
queluche comme en bon train de guérison. Il te
conseille de lui faire prendre une décoction de
lichen *peidatus* mêlée de lait, de manière à la
lui rendre agréable; s'il n'en veut point, il déclare absolument inutile que tu en prennes toi-
même. Tu donneras à teter une ou deux fois
en vingt-quatre heures, jusqu'au moment de
ton départ, et j'avertirai le médecin de celui de
ton arrivée. Il ne faut plus penser à la diligence, ni à la Saône qui est trop grosse. S'il
fait beau, tu pourras te servir de l'âne en t'em-
paquetant bien, et en mettant sous tes pieds
un caillou chaud enveloppé de linge. Prends
le chemin de Saint-Cyr, qui est très-sec. afin
de pouvoir marcher; si tu sentais du froid, rien
au monde ne serait plus dangereux. Cette considération me ferait préférer que tu attendisses
ta maman, qui tâcherait de venir cette semaine

à Polémieux surveiller la santé et le voyage
de sa Julie. Je charge Élise de ne pas oublier
le caillou chaud.

« AMPÈRE. »

Cette dernière lettre est écrite au mois de
septembre 1801. La jeune mère très-fatiguée
va sevrer son enfant. Elle se plaint de faiblesse,
de douleurs intérieures qui l'empêchent de
marcher. On consulte le médecin de la famille,
M. Petetin.

Julie revient à Lyon s'installer rue Mercière,
auprès de son mari, dont elle sera bientôt séparée; en décembre 1801, André est nommé
professeur de physique et de chimie à l'École
centrale de l'Ain, à Bourg, où sa femme malade ne peut pas le suivre.

« Bien des personnes trouvent que tu as mal
fait de t'en aller, va lui écrire incessamment
Julie, car tout le monde sait que ce n'est pas
mille écus. Je penserais comme elles *si...* » Cette
réticence veut dire : *si je n'espérais pas* que la
place de Bourg ne te mène bien vite autre part.

Certainement le traitement fixe d'Ampère à
l'École de l'Ain ne s'élevait point à mille écus,

mais à *deux mille six francs,* sept louis de vingt-quatre livres par mois; et. sans les leçons particulières qu'il allait donner à la pension Dupras et Olivier, son ménage eût été impossible à soutenir.

Ici va commencer, entre le mari et la femme, une volumineuse correspondance encore sous forme de journal. Les lettres d'André sont écrites en gros caractères, sur un papier d'une épaisseur inconnue aujourd'hui aux écoliers; elles n'ont pour date que les jours de la semaine, sans quantième, ni indication du mois, ni de l'année, on n'a donc pas la prétention d'avoir toujours rencontré juste en classant ces feuilles volantes. Mais des erreurs de ce genre fussent-elles répétées n'auraient pas d'importance.

Nous savons déjà qu'il ne faut pas chercher dans les lettres d'Ampère l'attrait du style ou de l'originalité, mais un intérêt d'un autre ordre. C'est le cœur et le caractère d'André, c'est son adorable bonhomie, une naïveté de pensées et d'expressions qui font connaître et aimer sur-le-champ cet homme de génie.

Jour par jour, pour ainsi dire heure par heure. il raconte à sa femme ses plus minutieuses affaires, ses labeurs, ses espérances, ses désappointements, ses craintes puériles, ses doutes sérieux, ses réussites ou ses désespoirs ; il livre ses premiers mouvements, ses fugitives impressions souvent contradictoires, avec la candeur d'un enfant, en revenant incessamment sur le sujet qui domine tout le reste : la santé de Julie.

Je voudrais mettre sous les yeux des jeunes hommes inconnus et pauvres comme Ampère, au début de leur carrière, les confidences intimes que je transcris ici pour toi, Madeleine. Ils y trouveraient contre les défaillances d'un présent difficile des encouragements pour l'avenir, le dégoût salutaire d'une vie mal employée, celui des entraînements sans règle et des folles affections, malgré les poignantes angoisses que n'évitent pas de légitimes tendresses.

Les réponses de Julie, non moins naïves que les lettres d'André, ont une délicatesse, un tour parfois si heureux dans leur simplicité, qu'elles donnent une physionomie individuelle à celle qui les signe.

Cette correspondance me touche profondément. grâce aux sentiments qu'elle révèle ;

mais bien d'autres pourront la trouver insipide, car aucune péripétie imprévue ne vient en rompre la monotone uniformité, jusqu'au terrible malheur qui la termine brusquement.

Quoi qu'il en soit, les émotions ne manquent guère à ces âmes aimantes; l'espérance d'une réunion aux jours de fête, la solution d'un problème, la perspective de découvertes nouvelles qui pourront établir les droits d'Ampère au professorat du lycée de Lyon, l'amour d'un mari, le dévouement de sa femme, les tendres sollicitudes qu'inspire un enfant unique, suffisent à dispenser largement la peine ou la joie, le calme ou l'inquiétude à ces deux existences tellement unies qu'elles n'en font plus qu'une.

A peine arrivé à Bourg, André s'empresse d'écrire à sa femme. Ces premières pages ne nous laissent aucun doute sur la place qu'elles doivent occuper.

D'ANDRÉ AMPÈRE A JULIE.

« De Bourg, département de l'Ain,
vendredi, à 7 heures du soir.

« Je courus en te quittant dire adieu à Marsil et chercher Ballanche, de peur qu'il ne restât fâché contre moi. J'arrivai un quart d'heure trop tôt, et, voulant en profiter pour voir quelqu'un de ceux que tu aimes, je fus chez ta cousine Ampère. Tu étais toujours devant mes yeux comme je t'avais laissée, pourquoi t'affliger ainsi?

« Je ne suis arrivé qu'à huit heures du matin; la voiture s'est embourbée deux fois.

« M. Ribon m'avait invité à dîner avec un petit professeur de mes confrères. Ce jeune homme me plaît fort, il m'a conduit chez ses collègues, j'en ai rencontré trois. Le bibliothécaire a l'air bien bête, celui qui m'a montré tant de complaisance s'appelle Beauregard. J'ai distribué mes lettres de recommandation d'abord à M. de Bohan, vieux militaire, chimiste et physicien distingué.

« J'aurai six ou sept jours de liberté aux environs de Pâques, mais faudra-t-il attendre jusque-là le bonheur de te voir? »

« Samedi soir.

« Je me suis mis en pension, à quarante francs par mois, chez Beauregard; on me demandait soixante francs à l'auberge de Renaud, où il fallait manger avec les plus grands sottisiers que j'aie vus de ma vie. Cela passait toute expression, je ne veux pas retourner dans ce corps de garde.

« J'ai vu le cabinet de physique, le laboratoire de chimie et l'unique petite *chambre* avec alcôve, petit débarras à mettre le bois. J'ai été fort content des machines; le laboratoire a un grand manteau de cheminée par où doivent s'exhaler les vapeurs nuisibles; il y a assez de ressources pour les différentes expériences.

« La portière de l'École centrale est une pauvre femme, mère de six enfants, qui ne peut se tirer d'affaires qu'en faisant le ménage et les commissions des professeurs. Elle a déjà balayé et nettoyé l'appartement dont je viens de te donner la description.

« Le journal que je t'ai promis, va être tant que tu seras loin de moi, ma seule occupation douce; nous voici séparés comme pendant ma rougeole; l'absence durera plus longtemps, mais tu m'aimes davantage. Tu m'as sacrifié ton repos, ta santé, et tu pleures comme tu me pleurais sous l'amandier quand tu craignais pour ma vie. Tes larmes me sont restées sur le cœur.

« La peine que je t'ai faite en partant, le

délabrement de ta santé, voilà le tourment de ma vie ! »

« Dimanche soir.

« J'ai reçu ce matin l'acte de ma nomination, il est en bonne forme.

« Adresse tes lettres au citoyen Beauregard, professeur d'histoire à l'École centrale du département de l'Ain ; envoie-moi le plus tôt possible l'ouvrage intitulé : *Description et usage d'un cabinet de physique*, par Sigaud-Lafond.

« Adieu, ma bonne Julie, tu sais ce que mon cœur te dit.

« AMPÈRE. »

DE Mme JULIE AMPÈRE AU CITOYEN AMPÈRE

Chez le citoyen Beauregard, professeur d'histoire à l'École centrale du département de l'Ain, à Bourg, près l'église Notre-Dame.

« Lyon, mardi soir.

« Mon ami ,

« Je te disais de partir parce que je sentais que j'étouffais, et je ne voulais pas te troubler ; bientôt après j'ai été prendre notre petit pour

me faire caresser. Il appelait son *pa* avec sa
voix d'ange, c'est lui qui sera la seule consolation. »

« Mercredi soir.

« J'étais tout ennuyée de ne point avoir encore de nouvelles, cela me rendait maussade;
ma pauvre maman me tranquillisait; mais elle
a été contente aussi de savoir que tu te portes
bien, que tu es en pension chez quelqu'un du
pays et non pas à l'auberge.

« Auras-tu une personne pour t'aider dans
tes expériences? As-tu retiré tes effets qui sont
à Bourg depuis samedi?

« Tu es bien sage de me faire un journal ;
je veux t'imiter, quoique je n'aie pas grand'-
chose à t'apprendre, je serrerai cependant plus
mes lignes que toi pour ménager notre bourse.

« Le dimanche, malgré une grosse pluie,
maman, mon petit et moi fûmes dîner au
Griffon; car je ne pouvais pas me souffrir dans
la maison vide de toi, ne te voyant plus venir
me demander tantôt ton chapeau, tantôt ta cravate, etc., etc., etc., et ne pouvant pas te gron-
der de chercher si loin ce qui est ordinairement
sous tes yeux; enfin je n'étais pas satisfaite, tu

en devines la cause. Je ne dormis guère ; le lundi, ma sœur et mon beau-frère vinrent ; nous causâmes de leurs affaires qui vont être signées. Marsil, associé pour tout, excepté pour les deux campagnes, est fatigué d'avoir tant de choses à conduire ; il disait que si cela dépendait de lui, il réaliserait deux cent mille livres et que le fonds de commerce resterait encore assez considérable pour les occuper. J'étais démontée ce jour-là, et quoique j'éprouvasse du plaisir à savoir ma sœur et son mari bien heureux, ces choses me faisaient songer tristement ; Dieu sait pourtant que je ne suis pas jalouse !

« Cette après-midi, j'ai trouvé Mme l'Empereur et une vieille tante, à qui tu as tourné la tête, qui voulait absolument me faire chanter une chanson de ta composition.

« M. Deplace trouve que tu as mal fait de t'en aller ; il y en a bien d'autres qui disent de même, car presque tout le monde sait que ce n'est pas mille écus. Je penserais comme eux si..... Mais le temps nous fera voir plus clair.

« J'ai conté toute ma vie sans avoir encore envoyé un mot de tendresse à mon ami, qui

sait bien que sa femme l'aime. mais qui n'est
pas fâché qu'elle le lui répète. Si tu es triste,
je ne suis pas gaie. A Saint-Germain, je t'attendais toutes les semaines et les jours pas-
saient vite; à présent tu es bien loin, je ne
peux t'aller trouver, un voyage de douze lieues
me fatiguerait beaucoup. Cela met mon esprit
à la gêne et je dois attendre du temps une
tranquillité que je voudrais tout de suite. Maman a toujours été mon conseil. Elle est près
de moi; ainsi je suis aussi bien que possible
loin de celui qui m'aime de si bon cœur.

« Adieu, adieu !

« Ta JULIE. »

D'ANDRÉ A JULIE.

« Bourg, vendredi soir.

« Ma journée s'est partagée entre des visites
chez mes confrères et le charme que j'ai ressenti en lisant tes lettres, dans le jardin de
l'École centrale, au bord d'un canal où j'irai
souvent rêver à Julie.

« Remercie de ma part ta petite consolation;
baise-la au nom de son papa. »

« Samedi soir.

« J'ai été définitivement installé ce matin. On a fait l'inventaire du laboratoire, la clef est dans ma poche ; tous mes moments vont être désormais consacrés à l'arrangement des machines, jusqu'à ce que je puisse commencer mon cours.

« J'ai dîné chez le professeur d'éloquence, Mermet, bavard sans être bête ; les deux Beauregard, mari et femme, étaient invités aussi. J'avais déjà cru remarquer que Mme Beauregard ne lui déplaisait pas. La mère de M. Mermet, grosse et franche paysanne, n'a voulu se mettre à table qu'un instant et a confirmé mes conjectures en adressant à Beauregard un petit avis très-énergique, dans le goût du pays et dont chacun a été très-déconcerté ; je me mordais les lèvres pour ne pas rire de la colère concentrée de la *Dame*.

« Pour reposer mes yeux en changeant de travail, je me suis amusé à tracer cette espèce de plan ; tu y verras la place que j'occupe. »

Ici se trouve au bas de la page un plan de la ville de Bourg, tracé à la plume.

« Dimanche soir.

« J'ai travaillé à mon livre et un peu aux mathématiques. Tu sauras que les professeurs des lycées ne seront nommés ni à Paris, ni par le jury, mais par trois commissaires et trois membres de l'Institut qui parcourront les provinces, et si je veux me présenter pour les mathématiques, il faudra que je subisse un examen sur les hautes parties de cette science, dont je ne me suis pas occupé depuis cinq ans. Je n'ai donc plus de ressources que celles que je puis tirer de moi-même ; c'est pourquoi je te prie de séparer mes papiers de mathématiques dont tu feras un paquet que tu garderas ; ces papiers me seront inutiles parce qu'on ne m'interrogera pas sur mes idées, mais sur *mes études*. J'aurai besoin au contraire de tous les livres qui se trouvent chez M. Périsse, excepté de l'*Astronomie de Lalande.*

« J'aurai demain un nouvel élève, M. Gripière ; il payera dix-huit livres par mois tant qu'il sera seul, moins s'il trouve un compagnon, sans cela point d'affaires. M. Clerc ne prend que neuf à douze francs par mois, et il a la vogue ;

Gripière n'est venu me trouver qu'à son refus.

« Adieu ma Julie.

« AMPÈRE. »

DE JULIE A ANDRÉ.

« Lyon, vendredi.

« Mon bon ami,

« Tu devrais bien prendre l'habitude de m'accuser la réception de ce que je t'envoie. Voilà ton mauvais habit; aie soin de ne pas sortir avec.

« Ton projet de faire un petit ouvrage sur les mathématiques serait bien bon, s'il arrive à temps. On dit que toutes les nominations vont être promptes.

« M. Coupier écrira pour toi à de Gerando; fais-en autant afin de ne rien négliger. Une lettre aussi à Camille Jordan, à M. Morel Desjardin. Laisse plutôt ton élève; ton temps est si précieux en ce moment; ne le perds pas pour des considérations de politesse et ne fais de promenades que celles qui te sont nécessaires pour rafraîchir ton corps et ton esprit. Je ne veux pas non plus que tu veilles, le lendemain tu as mal à la tête. Fais acheter une bouteille de vin, et quand tu ne prendras pas de lait, ou ta bouillie rousse, tu la trouveras ; après celle-la une autre. Dis-moi bien comment tu te portes, comment tu es nourri, ne mens sur rien.

« Hier je fus dîner chez Mme Calas, on vit la lanterne magique, je tenais mon petit sur mes genoux et je jouissais de tous ses mouvements ; lorsqu'il vit Gargantua, il me disait tout bas : *papa, papa ;* cela me fit rire parce que cette figure avait un chapeau énorme, et c'est à tous les chapeaux qu'il dit *papa.* Je dansai une contredanse avec Franscice et m'amusai bien. Quand je pense que la seule fois où je me suis un peu divertie, mon pauvre mari n'y était pas, lui qui est si content d'entendre rire sa Julie, qui aurait été si heureux de la voir danser, cela me serre le cœur, et je sens encore plus que pour être bien tous deux il faut être ensemble.

« Je t'envoie *la Découverte,* peut-être en auras-tu besoin. Un M. Balouvière est venu chercher la *Géométrie du Compas.*

« Adieu, adieu, je t'embrasse mille fois.

« JULIE. »

D'ANDRÉ A JULIE.

« Bourg, jeudi soir.

« J'ai donné hier ma première leçon, et je crois m'en être assez bien tiré en espérant faire mieux à l'avenir; car j'étais au commencement tremblant et embarrassé.

« Ce matin, je suis allé hors la ville chercher un endroit champêtre pour relire les lettres où ma Julie a peint les sentiments qu'elle éprouvait après mon départ. Ces sentiments et ces lettres sont tout ce qui me reste de mon ancien bonheur.

« M. Vernarel m'a envoyé un petit paquet contenant une cravate; c'est mon amie qui me l'a choisie, je l'avais mise à ma première leçon pour commencer sous de bons auspices. Je voudrais pouvoir embrasser celle qui m'a fait un si joli cadeau. »

(Au commencement de sa leçon. Ampère nous apprend qu'il était tremblant et embarrassé. Des émotions de ce genre ne devaient pas durer longtemps chez le jeune professeur; devant ses élèves de l'École de l'Ain, ou dans sa chaire au Collége de France, la science qui le possédait tout entier l'emportait bien vite au delà des préoccupations extérieures ; il n'était plus alors question de timidité. Mais dans les affaires de la vie, dans ses relations avec le monde, l'autorité de l'homme supérieur, imposante pour tous, quoi qu'on fasse, disparaissait. A cela les années ne devaient rien changer : l'Ampère devenu célèbre, accablé de distinctions honorifiques, le grand Ampère! en dehors des spéculations de l'esprit, redevenait hésitant et craintif, inquiet et troublé, et plus disposé à accorder sa confiance aux autres qu'à lui-même.)

DE JULIE A AMPÈRE.

« De Lyon.

« Mon bon ami,

« Je suis bien aise que tu aimes tes cravates. Tu les appelles des cadeaux ! Je ne t'en ai jamais fait qu'un, que j'apprécie beaucoup, qui est bien à toi et qui est aussi à moi ; tu le devines et me dis que tu aimes mieux celui-là que les autres.

« Je te trouve bien pastoral d'aller lire mes lettres dans les prés ; j'ai peur que tu ne les sèmes en chemin et que tout ce que je t'adresse ne tombe sous les yeux des premiers venus. Si je te connaissais plus soigneux, combien je te confierais de jolies choses ! Tu saurais que je t'aime bien, que j'ai grande envie de te revoir, que tous les soirs j'aurais mille choses à te conter qui restent là, et qui me font soupirer ; enfin tu saurais que lorsqu'on a tant fait que de prendre un mari, on l'aime trop pour en être séparée, et que cette absence m'ennuie.

« JULIE. »

D'ANDRÉ A JULIE.

« De Bourg, jeudi.

« Je suis occupé de choses qui ne laissent aucune trace dans ma mémoire. J'ai passé toute ma journée à ranger les machines ; Dieu soit béni, c'est fini !

« Julie a-t-elle songé aujourd'hui à son mari ? il est si loin d'elle qu'il faudra trois jours avant qu'elle puisse lire ce qu'il voudrait lui dire comme autrefois : *je t'aime, je t'aime,* t'en souviens-tu? quand tu me le disais aussi et que le son se croisait sur nos lèvres. Comme j'ai mal profité du temps où ce bonheur était près de moi ! Je hais tous les ouvrages que j'avais entrepris et qui m'ont séparé de toi. »

« Vendredi.

« Je viens de faire une visite où j'ai appris des particularités qui ne m'ont pas diverti ; on m'en a conté de toutes les couleurs sur Mme Beauregard. Elle est sage à présent parce que personne n'en veut plus. Tu conviendras que cette découverte n'est pas gracieuse après m'être mis en pension dans cette maison. J'en veux à M. Ribon de m'avoir fait faire connaissance avec son mari ; je crois du reste que le meilleur est de ne faire semblant de rien, et de dîner dans ma chambre dès que le mois sera fini. Ce qu'il y a de plus désagréable, c'est que tout le monde a su à Bourg que j'avais quitté l'auberge de Renaud à cause des polissonneries qui s'y disaient, et que l'on a bien ri de ma simplicité d'aller, comme ils disent, me mettre chez une *cateau*, voilà le beau mot dont on se sert ici. Je n'aurais jamais cru en souiller une lettre adressée à mon innocente amie. ne crois pas, au reste, que je prenne ici le langage du pays ; rien n'est plus décent que mon hôtesse : comme elle a su la raison qui m'avait fait fuir l'auberge, elle s'observe beaucoup, et si M. Mermet, que je trouve souvent chez elle, s'avise de parler un peu trop librement, elle a soin de détourner la conversation et de singer la prude.

« La nouvelle chambre qu'on m'a donnée au collège est malheureusement séparée par un jardin de l'ancienne, qu'on me laisse aussi ; mon logis consiste en quatre murailles grises, une cheminée et une fenêtre.

« A. Ampère. »

DE JULIE A ANDRÉ.

« De Lyon.

« Le temps te paraît donc bien long, bien ennuyeux ? c'était impossible qu'il en fût autrement ; nous nous y sommes attendus, et tu ne le pensais pas moins lorsque tu voulais partir ; tes réflexions, en revenant de Polémieux, te tourmentaient d'une autre manière ; tu trouvais que pour l'avenir il fallait sacrifier le présent.

Que toutes ces idées ne soient pas loin de ta mémoire. et tu sentiras qu'en faisant ce qu'on croit devoir faire, on est tranquille; ce raisonnement a toujours été ma grande ressource.

« Je ne suis pas comme toi éloignée des miens. il est vrai ; mais mon mari n'est plus avec moi, ma santé me rend faible d'esprit, voilà des épreuves aussi !

« J'ai reçu la lettre où tu me parles d'un dîner chez un de tes confrères. Fais bien attention, *mon fils,* à tout ce que tu dis. L'histoire de Renaud est une leçon dont tu te serais bien passé, mais qui n'a pas d'importance, il ne faut guère étaler ses principes. Mais, mon ami, je tiens là une conversation qui a quasi un air de pédanterie.

« Je te recommande de ne rien prendre sur toi pour les machines de physique. Est-ce que tu donneras ou prêteras ton globe à la nation? Dans quelle condition l'inventaire du cabinet s'est-il fait? De quoi répondras-tu? Te donnera-t-on un aide? Penses-tu bientôt à commencer ton cours? Auras-tu des élèves de mathématiques? Fais-tu bon feu? Ta chambre est-elle bien saine? As-tu des chaises? Ces murs gris doivent être encore plus froids que les autres? Pourquoi as-tu changé? Dis-moi tout cela.

« Prends garde à ne pas en vouloir injustement à celui qui t'a fait faire connaissance avec le mari, car ce n'est pas avec la femme : l'un peut valoir mieux que l'autre. Je t'en prie, ménage-toi bien, parle-moi du préfet, de ce qu'il promet pour notre logement.

« Bonne nuit; je me sens bien ce soir.

« Dis-moi si tu vas te mettre à finir ton livre sur la physique.

« Adieu, adieu, je t'embrasse de toutes mes forces, tu sais que c'est de tout mon cœur.

« Ta JULIE. »

D'ANDRÉ A JULIE.

« De Bourg, dimanche matin.

« En sortant de chez M. de Bohan, je croyais trouver une lettre dont j'avais grand besoin, oh! bien besoin, après huit jours d'ennui. Je suis allé me promener; j'ai passé la rivière et l'ai côtoyée sur la rive opposée. »

« Dimanche soir.

« Point de lettre, j'aime encore mieux croire qu'on ne pense plus à moi ni au journal promis, que de te supposer plus malade.

« Mais pourquoi as-tu si tôt cessé de t'occuper de ton mari? Quand je désirais en te quittant que tu ne te tourmentes pas tant, je ne savais guère être si vite exaucé.

« Je viens de faire des vers sur la situation d'un homme que sa femme n'aimerait plus! Ah! ce n'est pas la mienne, n'est-ce pas?

« J'ai mal à la tête; bonsoir, dors bien. C'est toi qui m'as donné le talisman, c'est toi qui m'as tant de fois rendu heureux! Comment ai-je pu me résoudre à quitter Lyon!

« Tu es peut-être plus malade? Tu ne veux pas le faire écrire... Ah! il eût mieux valu encore que je fusse un peu inquiet, même beaucoup.

« Ce que je viens de t'écrire est mal, je suis fou et bien injuste, mais je laisserai partir cette lettre pour ne point te cacher ce premier mouvement. »

« Du lundi.

« Tu jugeras aisément, ma Julie, et des transports de ma joie et de la vivacité de mes regrets, lorsque tu sauras qu'aujourd'hui à midi, après avoir perdu l'espérance de recevoir de tes nouvelles, j'ai été jeter ma folle épître dans la boîte et qu'en entrant chez Beauregard on m'a remis la tienne.

« Après souper, je viens d'être poursuivi par des masques comme Pourceaugnac des lavements; tu sauras que c'est ici la mode que toutes les honnêtes femmes se masquent aussi bien que les hommes; on donne des bals déguisés dans les meilleures maisons; cet usage paraît d'autant plus comique qu'on ne sait à Bourg ce que c'est qu'un carrosse, et qu'ainsi ces belles dames costumées s'en vont à pied dans les rues.

« Mon cours s'ouvrira le 21 ventôse, c'est-à-dire dans dix jours.

« A. AMPÈRE. »

DE JULIE A ANDRÉ.

« De Lyon, jeudi matin.

« Mon ami,

« Comment ayant rouvert ta lettre, le lendemain, n'as-tu pas songé à la peine que tes
idées pourraient me causer?

« Comment supporter à la fois le chagrin de
ton départ et celui de tes reproches? Tu es donc
capable, autant que les autres hommes, de te
laisser entraîner à l'injustice par les mouvements déréglés de ton affection pour moi.
Ah! que j'aurais voulu ne pas recevoir cette
lettre, et rester toujours persuadée que mon
mari ne penserait jamais que je l'ai oublié. Être
ensemble depuis plus de deux ans, se dire
chaque jour ce que l'on a dans l'âme et pouvoir
douter l'un de l'autre au moindre retard d'une
lettre, au point d'imaginer des folies! Oui, mon
bon ami, des folies! Je n'ai pas besoin de t'en
dire davantage, car tu te répens déjà de me
les avoir écrites, mais moi je te gronde de les
avoir pensées.

« Tu connais ta Julie et sais le déplaisir
qu'Élise me fait avec ses soupçons d'oubli; les

tiens me seraient bien autrement sensibles. Ah! tu sens tous tes torts, ainsi n'en parlons plus. Crois que Julie t'aime et t'aimera toujours, qu'elle t'envoie de bons baisers donnés de bon cœur aujourd'hui pour te faire oublier les souf-flets qu'elle t'aurait donnés d'aussi bon cœur hier.

« Derion me charge de te demander quel maître tu conseilles pour son frère cadet.

« Tu ne me dis point si tu as un perruquier? si tu as besoin d'argent? J'espère que tu me l'écriras avant d'être bien pressé, car tu vois, ma lettre était dans le paquet de livres que tu avais demandés à Marsil, et s'il s'était perdu, ce serait dix-huit francs jetés au vent. As-tu chaud ou froid? Es-tu bien ou mal couché? As-tu besoin de quelques nippes? Renvoie-moi la lo-quetière, je t'en prie.

« Ne sois pas en peine de ma santé, j'ai vu le médecin et suis ses conseils.

« J'espère que tu ne fais pas le carême ; souviens-toi que tu me fâcherais beaucoup et que tu m'as promis de m'écouter.

« *Papa, je t'aime,* c'est ton fils qui vient de finir ma lettre.

« JULIE. »

D'ANDRÉ A JULIE.

« De Bourg, dimanche.

« Que tu es bonne, ma Julie, de m'avoir pardonné ma grosse sottise! Jusqu'à ce que mes cours soient en train, tant que je n'aurai pas fini mes notes, je ne pourrai relire mes lettres et tu y verras parfois bien des folies ; en t'écrivant je m'abandonne à toutes les idées qui me passent par la tête. Tu peux te rassurer sur l'exactitude de mes comptes. Que ces quatre mots m'ont fait plaisir : *Papa, je t'aime.* C'est sa petite main, conduite par une plus jolie petite main, qui les a tracés. »

« Lundi matin.

« J'interromprai mon journal ce soir et demain ; je reprendrai la plume mercredi, et te rendrai compte de ma première séance. Jamais je n'ai été si à court de temps ; il me faut faire un discours d'entrée, je ne le sais que d'hier soir, et j'aurais besoin d'y travailler huit jours. »

Nous avons sous les yeux le brouillon de ce discours, dont voici les premières lignes :

9

« Jeunes gens intéressants, dont l'âme commence à se replier sur elle-même, à connaître les devoirs que la société impose à tous les hommes, à chercher dans les vertus la route du bonheur, vous savez que l'étude fera le charme de votre vie dans la prospérité, et vous offrira des ressources assurées contre les revers de la fortune. »

Après cet exorde, Ampère jette un coup d'œil général et rapide sur les sciences qui vont être l'objet de son enseignement à l'École centrale. Il énumère et classe d'abord chronologiquement *celles* qui embrassent l'universalité des êtres, distingue les autres qu'il appelle *particulières*, et s'attache surtout à donner une définition précise de la physique. Il nomme Stahl, Descartes, Newton, Lavoisier, Berthollet, Torricelli, Franklin, Volta, Cheselden, Bergmann, Rumford, le docteur Smith, et termine par cette exclamation :

« Quelle gloire attend celui qui mettra la dernière pierre à l'édifice de la physique moderne ; quelle utilité ne doivent pas en espérer les arts les plus nécessaires à l'humanité ! »

Exclamation qui semble d'avance rendre hommage à son propre génie, exclamation prophétique dans la bouche d'un homme qui, vingt ans plus tard, devait faire faire à la science dont il parle un progrès qui l'immortalisera.

« Mercredi, 5 heures.

« Je viens d'ouvrir mon cours, j'ai lu un discours qui a été bien accueilli, mais assez mal entendu, parce que la salle est très-vaste et qu'on m'avait placé loin des auditeurs. Je ne suis ni content ni fâché ; mais après avoir été dans une vive excitation tout le jour, et surtout à mesure que le moment approchait, je me trouve subitement dans un calme si complet que cet état a causé dans toutes mes idées une des plus singulières révolutions que j'aie éprouvées de ma vie. Le regret de t'avoir quittée, comme je l'ai senti violemment quand tout ce tourbillon qui m'agitait depuis huit jours a été dissipé ! J'ai été chercher le portefeuille en soie. Une suite de réflexions se sont, depuis une heure, succédé dans ma tête relativement à la vie du corps. »

« Mercredi soir.

« Je viens de faire la revue de mes petits trésors; j'ai relu trois anciennes lettres de ma Julie, j'ai pesé toutes les paroles de celle qui a décidé de mon sort; j'ai baisé le talisman, le petit tableau, une rose desséchée que j'ai reçue de sa main, et les doux liens qui couvraient autrefois sa tête. Je me suis rappelé alors de bien d'autres choses que j'aurais voulu pouvoir baiser comme celles-là et qui ne sont plus à la portée que de la bouche de mon petit; pauvre petit, quand me sera-t-il rendu? Quand me retrouverai-je près de toi?

« AMPÈRE. »

DE JULIE A ANDRÉ.

« Lyon, mardi matin.

« Tu es donc anéanti, mon pauvre ami! Tu as passé d'un état d'agitation à un état qui tient un peu du sommeil, mais qui ne vous fait cependant pas oublier tout ce qu'on a éprouvé.

« J'ai connu cette situation : au moment de notre mariage, jusqu'au jour du contrat, je ne dormais point, je ne pouvais rester un instant à la même place. Ma signature donnée, je fus comme toi après l'ouverture de ton cours. En sortant de la municipalité, j'étais dans une telle apathie, que je vis partir maman sans une grande émotion. Depuis ce temps, plus d'apathie, je suis toujours agitée ou par mes idées ou par mes occupations. »

                              « Mercredi à midi.

« J'ai mené hier notre enfant chez ta cousine Ampère. Il fut si gentil, si séduisant, que chacun l'admirait. Après souper, je le pris sur mes genoux, le faisant chanter, et raconter tout ce qu'il savait ; on s'extasiait autour de moi, en disant : Qu'il est joli, qu'il est plaisant ! Le petit l'entendait, comprenait, et recommençait de plus belle. Enfin, mon ami, ce fut pour moi un moment de jouissance qu'aucune idée triste ne vint troubler. J'aurais bien voulu que tu pusses le partager. MM. Callas et le Peiré disaient que nous étions bien heureux d'avoir un si gentil garçon, et les dames enceintes le regardaient et le prenaient pour modèle.

« Combien il est doux d'entendre louer ses enfants, et comme cette satisfaction doit être plus complète lorsqu'ils grandissent et qu'on peut remarquer en eux des vertus ou des talents que vous leur avez inspirés !

« On me parle beaucoup de toi ici.

« Adieu, je te quitte pour ménager ma tête ; mais mon cœur reste avec toi. Qu'as-tu fait du livre de Ballanche? Ne relis pas tes lettres, c'est du temps bien perdu. Adieu, adieu, je t'embrasse.

« JULIE. »

Le livre réclamé par Julie est le premier ouvrage que Ballanche venait d'écrire à l'âge de vingt-quatre ans (en 1801), sous le titre : *Du sentiment dans la littérature et dans les arts.*

D'ANDRÉ A JULIE.

« Bourg, mardi matin.

« Il y a sept ans, ma Julie, je m'étais proposé un problème de mon invention que je n'avais pu résoudre directement, mais dont j'avais découvert par hasard une solution dont je connaissais la justesse sans pouvoir la démontrer. Cela me revenait souvent dans l'esprit; j'ai cherché vingt fois sans succès cette solution directe. Depuis quelques jours mon idée me suivait partout; enfin je ne sais comment, je viens de la trouver avec une foule de considérations curieuses et nouvelles sur la théorie des probabilités. Comme je crois qu'il y aura peu de mathématiciens en France qui puissent résoudre ce problème en moins de temps, je ne doute pas que sa publication dans une brochure d'une vingtaine de pages ne me soit un bon moyen de parvenir à une chaire de mathématiques. Ce petit ouvrage d'algèbre pure, où l'on n'a besoin d'aucune figure, sera rédigé aprèsdemain; je le relirai et le corrigerai jusqu'à la semaine prochaine, que je te l'enverrai par Pochon avec le gilet à carreaux, les gros bas de laine, les six louis dont je t'ai parlé.

« Dès que mon manuscrit sera arrivé à Lyon, il faut qu'il s'imprime, tu en prieras de ma part tes cousins, en leur faisant observer qu'il n'a dérobé qu'une huitaine à mon livre de physique que je vais reprendre avec ardeur. Mais tâche de t'assurer que MM. Périsse pourront en recevoir le prix dès que l'impression sera achevée. Les six louis de ce mois et les sept du prochain devront être employés à cela, et je serai certain de la place du Lycée. Nous vendrons peut-être quelques-unes de ces brochures; mais je crois qu'il faudra surtout en donner beaucoup aux savants de Paris.

« Je te prépare encore de l'embarras avec mes commissions, mais tout cela ne durera pas. L'avenir nous offre en perspective ta santé rétablie, une bonne place à Lyon, notre enfant charmant, une idée bien douce encore, c'est que tu m'aimeras toujours. Je t'embrasse, et tu sais de quel cœur. »

« A. Ampère.

« Je voudrais deux ou trois petits linges à barbe pour essuyer le rasoir de mon perruquier. Je ne sais ce que sont devenus les miens, j'ai peur d'en avoir fait des luts pour mes expériences chimiques. »

André vient enfin de découvrir la solution qu'il cherche. L'inventeur, pour la première fois peut-être, se révèle à lui-même; doublement heureux de son succès, il le rapporte tout d'abord au bonheur de Julie.

Le messager Pochon, qui doit porter le fameux mémoire, faisait douze lieues de Bourg à Lyon, en dix heures, quand il ne s'embourbait pas sur la grande route au milieu de l'hiver.

André et Julie lui confiaient leurs commissions de toutes sortes : instruments de physique, machine électrique, machine à faire de
l'eau, fioles, tubes, cornues, vaisseaux grands
et petits, produits chimiques, sel, salpêtre,
mercure, ou marcassite, etc., etc., bouteilles
d'encre, de vins, ou de raisiné, argent ingé-
nieusement caché dans la poche d'un gilet ou
d'une culotte, le tout s'en allait de conserve,
rangé pêle-mêle sous le fromage ou le saucisson.

A cela s'ajoutaient encore les lettres amoureuses, le journal aux dimensions formidables,
les manuscrits d'André qui, pour éviter les frais
de poste, étaient bravement livrés au conducteur de la charrette ; thermomètres, globes ou
baromètres sortaient bien souvent brisés de
leurs étuis, au vif désappointement de Julie, qui
s'en prenait toujours à la physique. Mais de
plus grands désastres arrivaient parfois, car un
mémoire sur l'application à la mécanique des
formules du calcul des variations, égaré pendant
huit jours sur le chemin de Bourg, faillit n'arriver jamais à sa destination.

D'ANDRÉ A JULIE.

« Bourg, mercredi, onze heures du matin.

« Que je soupire après le moment qui doit nous réunir! Oh! quand viendront, quand viendront les vacances! »

« Mercredi, quatre heures.

« J'en étais à cette exclamation quand j'ai pris tout à coup une résolution qui te paraîtra peut-être singulière. J'ai voulu retourner avec le paquet de tes lettres dans le pré derrière l'hôpital, où j'avais été les lire avant mes voyages de Lyon avec tant de plaisir. J'y voulais retrouver de doux souvenirs dont j'avais ce jour-là fait provision, et j'en ai recueilli au contraire de bien plus doux pour une autre fois. Que tes lettres sont douces à lire! Il faut avoir ton âme pour écrire des choses qui vont si bien au cœur, sans le vouloir, à ce qu'il semble. Je suis resté jusqu'à deux heures assis sous un arbre, un joli pré à droite, la rivière où flottaient d'aimables canards à gauche et devant moi; derrière était le bâtiment de l'hôpital. Tu conçois que j'avais pris la précaution de dire

chez Mme Beauregard en quittant ma lettre pour
aller faire cette partie, que je n'irais pas dîner
aujourd'hui; elle croit que je dîne en ville;
mais comme j'avais bien déjeuné, je m'en suis
mieux trouvé de ne dîner que d'amour.

« A deux heures, je me sentais si calme et
l'esprit si à mon aise, au lieu de l'ennui qui
m'oppressait ce matin, que j'ai voulu me promener et herboriser. J'ai remonté la Ressouse
dans les prés, et en continuant toujours d'en
côtoyer le bord, je suis arrivé à vingt pas d'un
bois charmant, que je voyais dans le lointain à
une demi-heure de la ville et que j'avais envie
de parcourir. Arrivé là, la rivière, par un dé-
tour subit, m'a ôté toute espérance d'y parvenir, en se montrant entre lui et moi. Il a donc
fallu y renoncer, et je suis revenu par la route
de Bourg au village de Cezeyriat, planté de
peupliers d'Italie qui en font une superbe ave-
nue. »

« Mercredi soir.

« Beauregard est le meilleur enfant du
monde. il me témoigne beaucoup d'intérêt, et
je crois que M. Berger a un peu exagéré tout
le mal qu'il m'a dit de ce ménage. Il n'y a

point de fumée sans feu ; mais, comme disait un grand seigneur à une dame de la cour qui se plaignait d'être accusée d'avoir eu six enfants d'un évêque : Rassurez-vous. Madame, on sait bien que de tout ce qui se dit à la cour, on n'en doit croire que la moitié.

« Je ne sais quelles bêtises je t'écris ; si j'ai envie de rire, c'est du bout des lèvres. Je laisse d'ailleurs cela dans ma lettre comme mes tragiques bêtises, pour te donner une idée juste de l'état de mon esprit. Il est certain que ma promenade, quelques chers souvenirs, le succès de mes expériences, de mes leçons, ont singulièrement tranquillisé cet esprit il y a huit jours si extravagant.

« A. AMPÈRE. »

DE JULIE A ANDRÉ.

« De Lyon, samedi matin.

« Mon ami.

« J'ai reçu ta grande lettre qui me parle de toutes tes promenades. cela m'a fait beaucoup de plaisir, mais je serais aise de voir dans quelque autre que tu as bien avancé ton petit

ouvrage, que tu es content et en espère toujours un bon effet. Le temps est précieux; en
ce moment rien ne m'occupe davantage que
cette nomination. Je voudrais savoir mille
choses que personne ne peut me dire. Ballanche a dû écrire à M. de Gérando et à
M. Coupier, l'un et l'autre pensent que le
parti que tu as pris d'envoyer ton mémoire à
M. Roux ne peut être qu'excellent. Ainsi je
l'attends par Pochon.

« Nous avons été à la comédie samedi dernier, ma cousine Périsse nous y mena. On jouait
Nanine et *la Fausse Agnès,* de Destouches. Nanine a mal dit son rôle, mais Agnès fort bien.
Cette dernière nous fit beaucoup rire et moi aux
éclats.

« Mon petit est toujours charmant. Comme
je serais triste de quitter ce pauvre enfant! Lui
seul me dissipe complétement.

« Adieu, adieu.

« Ta Julie. »

D'ANDRÉ A JULIE.

« Bourg, mardi soir.

« Si tu pouvais m'envoyer dans une lettre ce
pauvre enfant qui appelle son papa, j'en aurais

bien soin ; il courrait dans le jardin, je ferais sauter sa paume, et ne lui laisserais point toucher d'acide. Tu me dis, ma charmante amie, que tu serais fâchée de quitter notre petit ; aurais-tu formé le projet de t'en séparer en effet pour venir me voir? Cette supposition est la seule qui se soit présentée à mon esprit, elle ne s'accorde guère avec la faiblesse de ta santé : mais en me montrant ainsi de loin le plus grand bonheur que je puisse goûter, tu m'as fait éprouver un saisissement de joie. Pauvre petite! Tu as si peu d'amusement qu'il faut bénir le ciel quand tu ris une fois de bon cœur ; je remercie Destouches d'avoir fait *la Fausse Agnès,* et ta cousine de t'avoir menée ce jour-là à la comédie.

« Que je suis content d'avoir écrit ce petit mémoire, puisqu'il t'a fait plaisir ! Je voudrais bien savoir au juste si tu as pris quelques arrangements avec MM. Périsse, à cet égard, en supposant toujours que personne n'ait eu *mon idée* avant moi, ce que nous saurons bientôt par M. Roux.

« A. Ampère. »

Au milieu de tous ses travaux, une pensée

tourmente incessamment André : d'autres es-
prits n'ont-ils pas déjà devancé le sien ? ses
découvertes sont-elles bien réellement nouvelles ? M. Roux, professeur de mathématiques
à l'École centrale de Lyon et président de
l'Athénée, sera consulté. C'est à sa sincérité
comme à ses lumières que le jeune inventeur
croit devoir recourir pour trancher ses doutes
en cette circonstance importante.

DE JULIE A ANDRÉ.

« Lyon.

« Le baromètre et le thermomètre sont sortis
cassés de l'étui ; cet accident me fait encore
plus trouver que la physique est une sotte
chose.

« Tu voudrais donc bien avoir ton petit près
de toi? Je te plains, mon pauvre ami, de ne
posséder ni lui ni ta femme.

« Pas un cœur là-bas ne devine ce qui se
passe dans le tien; mais à Lyon tu as quelqu'un qui te suit partout, qui voit que tes calculs te font mal à la tête, que tes leçons t'empêchent de travailler, et que plus souvent
encore tu soupires en pensant que ton amie est

loin de toi. Je trouve aussi cette absence bien triste ! Cependant je ne puis songer à t'aller voir. Je ne sais comment je t'ai parlé de me séparer de mon fils, c'était, sans doute, en pensant à ce que disent tant de personnes qui n'ont pas le sens commun, qui s'imaginent que si ce pauvre petit était à la campagne je serais moins fatiguée. Elles ne savent pas que c'est à lui que je dois mes meilleurs moments; se faire part de toutes ses pensées, souvent même s'affliger ensemble, c'est une grande douceur; mais, mon ami, ces jouissances, quoique bien nécessaires, ne ramènent pas la gaieté autour de nous. Ce sont les jeux d'un enfant, ses petites grâces, son petit langage, qui enveloppent le passé, l'avenir et le présent même, dans un voile couleur de rose qui nous éblouit aussi longtemps que ses gentillesses durent. Lorsqu'il est malade, toutes les idées les plus noires nous assiégent et ne nous laissent point de raison. M. Vitet, dont j'apprécie le savoir, n'est guère partisan de la vaccine; il dit qu'on ne pourra juger de son bon effet que dans vingt ans, et préfère l'inoculation.

« L'impression de ton prospectus et du commencement de ton livre de physique n'est pas

payée. Comment dire à Marsil que tu veux immédiatement lui rembourser les frais qu'il fera
pour ton petit ouvrage sur le jeu? Il faudrait
pour cela avoir de l'argent prêt; et j'ai tout
donné pour les impositions sans rien garder
pour le loyer, ni ma dette du médecin. Les
trente-six francs de tes deux élèves seront indispensables. Enfin comptons sur la Providence,
espérons beaucoup de l'avenir!

« Je voudrais savoir si tu as toujours beaucoup de monde à ton cours, et aussi le nombre
de tes leçons particulières. Mon cousin et ma
tante demandent si tu travailles à ton ouvrage;
dis-moi quelque chose là-dessus. »

D'ANDRÉ A JULIE.

« Bourg.

« Ma bonne amie,

« Voici l'emploi de mes journées. M. Clerc
travaille avec moi de six heures du matin jusqu'à dix. Gripière, depuis onze et demie
jusqu'à une heure; l'après-midi depuis trois
jusqu'à quatre, c'est ma leçon de physique; le
reste de mon temps se passe à penser à Julie

et aux ouvrages que je médite. Pendant la vacance du décadi, M. Clerc fait avec moi des expériences de chimie. Hier je ne fus souper qu'à dix heures, bien las d'avoir pilé, broyé, porté du charbon et soufflé le feu pendant douze ou treize heures, mais content d'avoir réussi quelquefois. Ah ! si tout cela me faisait arriver au Lycée, je serais satisfait, et ne craindrais plus de vivre longtemps séparé de Julie, de ne pas pouvoir lui fournir le nécessaire à elle, si souvent privée de mille choses indispensables. Ma bonne, ma charmante amie, qui mériterait mieux que toi tout ce qui contribue à rendre la vie heureuse ?

« J'ai fait un arrangement avec la Perrin par lequel, à compter d'aujourd'hui, elle me fournira tous les jours à déjeuner pour trois francs par mois.

« Chère Julie, consulte le médecin que tu voudras, mais ne reste pas sans t'occuper de ta santé. Ah ! si je savais te guérir en retournant à Lyon ! j'abandonnerais vite École centrale et tout. Mais, bien loin de là, j'augmenterais tes souffrances en te donnant de l'inquiétude et en détruisant mes espérances d'un sort plus honnête ! A Pâques, ma bien-aimée, à Pâques, j'aurai quelques jours de bonheur et peut-être pourras-tu!... mais non, je ne l'espère plus. Que j'aurais envie au moins de baiser le bord de ta couverture, comme je le faisais autrefois en te disant bonsoir!

« Adieu.

« A. Ampère. »

DE JULIE A ANDRÉ.

«Lyon.

« Ta femme est tout ennuyée d'avoir une santé qui s'accorde si peu avec son caractère; mais il faut se résigner et espérer du temps. Ne pense donc pas à quitter tes élèves; ne fais rien dont tu puisses te repentir. Notre petit se porte bien; fais comme lui; c'est ce qui m'importe le plus, car si tu étais malade là-bas, que deviendrais-je? On ne peut pas tout avoir, tu le sais, mon pauvre ami, toi qui es loin des tiens, et qui n'as que la physique ou la chimie pour te consoler. Tu fais donc toujours ces vilaines drogues? Tu souffles tes charbons, piles toute la journée; tu as encore moins de temps qu'ici, et ton pauvre livre reste au crochet; mais tu aimes ta physique de Bourg, tu as tes raisons, je ne les désapprouve pas. Ainsi, prenons patience et réjouissons-nous de pouvoir parler à Pâques de tout ce que nous avons dans l'âme.

« En souffrant moins je reprendrai des forces et de l'espérance ; regardons dans l'avenir, songeons aux vendanges ! Mon bon mari, mon fils, auprès de moi m'empêcheront d'être malade ; cette pensée me met une teinte rose dans l'esprit.

« Ferme soigneusement ton bureau, ta chambre et toutes mes lettres ; car je n'oserais plus t'écrire.

« Je ne sais rien de M. Roux. Ne te livres-tu pas trop à M. Clerc ? C'est une connaissance bien nouvelle ; s'il te prenait tes idées ! N'oublie pas d'écrire à Morel-Desjardin. Envoie tes pantalons de drap, pour que les rats ne les mangent pas.

« Marsil aura le globe que tu demandes, le mercure, la cornue, le ballon aussi. J'ai reçu les six louis que tu avais remis à M. Joli. Pourquoi n'en as-tu pas gardé plus d'un ? Mon pauvre Ampère, tu es trop content de m'envoyer tout ce que tu gagnes.

« Élise serait très-aise d'une lettre de toi ! mais c'est à ta mère qu'il faut absolument écrire.   « JULIE. »

Mais tu aimes ta physique de Bourg, tu as tes raisons, je ne les désapprouve pas, dit Mme André. Ce sentiment de naïve condescendance pour la science qui doit illustrer Ampère aurait étonné Julie au moins autant que nous-mêmes, si elle en avait retrouvé l'expression sous ses yeux quelques années plus tard. La pauvre femme, maintenant aux prises avec d'impérieuses nécessités de tous genres, juge ici bien des choses au point de vue de la ménagère. Elle ne voit dans ces expériences, qui préparent de glorieuses découvertes, que la fatigue de son mari soufflant des charbons durant treize heures du jour, et déteste ces vilaines drogues, si funestes aux habits qu'il faudra remplacer. Mais pourtant, au milieu de toutes ces préoccupations domestiques, une pensée d'un autre ordre la domine, une crainte la saisit. M. Clerc ne va-t-il pas s'emparer des idées d'André ? Cette fois elle a fort bien deviné qu'entre les deux professeurs de Bourg, et leurs travaux mis en commun, la balance n'est pas égale.

Julie peut se rassurer; les idées d'Ampère ne tariront pas; il aura beau en laisser tomber encore et encore, ni celle-ci, ni cette autre, ni toutes celles qu'il jette sans compter à son auditoire ou à **M.** Clerc lui-même, n'épuiseront son génie inventeur, pas plus que les baisers qu'il adresse à Julie n'éteindront sa flamme.

D'ANDRÉ A JULIE.

« Bourg, vendredi.

« Ma bonne amie,

« J'ai été chercher dans la petite chambre au-dessus du laboratoire, où est toujours mon bureau, le portefeuille en soie. J'en veux faire la revue ce soir, après avoir répondu à tous les articles de ta dernière lettre et t'avoir priée, d'après une suite d'idées qui se sont depuis une heure succédé dans ma tête, de m'envoyer les deux livres que je te demanderai tout à l'heure.

« L'état de mon esprit est singulier; il est comme un homme qui se noierait *dans son crachat,* et qui chercherait inutilement une branche pour s'accrocher. Les idées de Dieu, d'éternité, dominaient parmi celles qui flot-taient dans mon imagination; et, après bien des pensées et des réflexions singulières dont

le détail serait trop long, je me suis déterminé à te demander le psautier de François
de la Harpe qui doit être à la maison, broché,
je crois, en papier vert, et un livre d'heures à
ton choix.

« Que tu m'as écrit de jolies choses! tu ne
seras plus malade aux vendanges, parce que
tous ceux que tu aimes et que tu rends heureux seront près de toi. Mais je n'ai pas eu
de tes nouvelles hier; mon Dieu! si tu étais
plus malade! et je ne puis pas quitter Bourg!
Élise, ma sœur, refuseras-tu une consolation
à ton pauvre frère exilé qui t'aime bien! »

Élise ne reste pas insensible à cette prière.
Voici sa lettre tout entière :

D'ÉLISE A ANDRÉ.

« Lyon, dimanche   mars.

« Julie devait t'envoyer un doux billet; le voilà,
mon bon frère; il serait parti plus tôt si une
fluxion ne m'avait empêchée de t'écrire; car tu
sauras que je ne compte point avec mes amis
et que tu aurais pu rester muet deux mois sans

que je songeasse à t'en vouloir; prendre la plume pour Julie est une chose si naturelle. Tout ce qui n'a pas quelque rapport à elle ne m'intéresse guère. Tant que sa santé ne sera pas rétablie, il ne faut pas compter sur la mienne; mais si notre bonheur voulait que Julie redevînt ce que je l'ai vue autrefois, la vie me paraîtrait bien douce. Je me transporte à cette époque, et cette pensée chasse un instant toutes les autres. Quelle jouissance nous éprouverions, toi, maman et moi, en la voyant gaie et bien portante! Je me place modestement la dernière, et toi le premier, mais tu sauras que c'est politesse toute pure.

« Il fait aujourd'hui un temps bien laid, bien triste ; je suis enfermée au.Griffon et ne verrai ni maman ni Julie. Je vais passer ce dimanche entre mes livres et André, qui est bien quelque chose de Julie, mais ce quelque chose écrit des lignes si écartées que si je répondais de même j'aurais déjà fait une grande lettre. Voyez, monsieur, comme l'on écrit quand on est à douze lieues de ceux à qui l'on parle, à moins qu'on n'ait une grande envie de se débarrasser d'eux, et de son papier blanc. Si je suivais ton exemple, tu ne saurais pas même que ton fils est de plus en plus charmant. Toutes les fois qu'il vient dans ma petite chambre, il veut baiser le buste de *Bonaparte*, il l'appelle *papa*. Il est drôle, si drôle que s'il n'était pas si lourd je voudrais toujours l'avoir près de moi.

« Je ne sais à quel propos l'autre jour Marie fit semblant de pleurer pour l'attendrir. Le petit la regardait attentivement ; je dis à Marie qu'il ne fallait jamais tromper les enfants et là-dessus elle se mit à sourire. Le petit qui commençait à prendre les yeux brillants, voyant qu'il avait été la dupe de cette figure, lui appliqua un petit soufflet très-ferme et se jeta hors de ses bras comme un éclair. Ne lui sais-tu pas bon gré de cette justesse d'idée ? Jamais soufflet donné si sérieusement ne m'a tant fait rire. Il court comme un petit Basque, et quoiqu'il donne pas mal d'embarras, Julie et maman passeraient sans lui des moments bien tristes dans cette rue Mercière si noire.

« J'ai beaucoup souffert d'un coup d'air dans l'oreille et, pour parler le langage de Mlle *Amkin*, je suis *exclue* de ma tète et *perclue* de la société ; j'ai bien celle des dames de Sarçay. Mais l'univers n'est rien pour un cœur bien épris : je ne puis te dire au juste si c'est moi qui ai fait ce beau vers ou si je l'ai lu dans quelque tragédie de Voltaire ; mon esprit sublime pourrait bien avoir rencontré le sien, surtout si le vers se trouve dans les *Scythes*. J'ai encore tout évanoui dans la tête et voudrais bien savoir s'il est mort ce pauvre Tamerlan ; poliment il ne pouvait mieux faire ; peut-être la politesse n'était-elle pas de saison en ce temps-là ; quoi qu'il en soit, j'ai trouvé cette pièce fort de mon goût, ainsi que *Tancrède*, que je n'avais jamais lu et que j'aime de tout mon cœur, parce qu'il est sensible comme une femme et courageux comme Bonaparte ; et tous ces chevaliers qui ne sont que des matamores le font ressortir autant qu'un soleil. Je viens de recevoir des nouvelles de Julie, elle a passé une bonne nuit et a reçu tout à l'heure une lettre de toi. Tu dis que tu te portes bien et puis d'autres choses, qu'est-ce que ces autres choses ? je suis curieuse de les savoir ; mes idées se promènent sur des sacs d'argent. Si tu pouvais du moins en entasser autant que tu entasses d'idées tristes dans ta tête, tu serais et nous serions tous très-riches ; mais ne te forge pas de chimères, il y a bien assez de réalités. Ah !

si Julie était plus malade, tu n'aurais point de mes lettres, car, ne voulant pas te mentir, je ne dirais mot, et tu vois que je ne suis pas muette.

« Pauvre Ampère, je te plains d'être si loin d'elle ; y a-t-il du moins à Bourg un mari qui aime bien sa femme, afin que tu puisses tout à l'aise lui parler de la tienne ? Mais il est peut-être aussi difficile de trouver un mari qui aime comme toi, que de rencontrer une sœur qui aime autant que j'aime.

« Je suis fâchée que le temps te manque ; j'espérais accrocher par-ci par-là quelques brins de science que je me repens de n'avoir point saisis au collet pendant qu'ils étaient là tout près. Suis-je sotte de n'avoir pas tourné toutes mes idées de ce côté-là ! Tu m'aurais conté tes expériences de Bourg et j'y aurais compris quelque chose. Parle-moi pour me consoler de ce qui est à ma portée et surtout de ce qui te rapporte quelque bénéfice, des espérances qui t'arrivent pour ton petit ménage.

« Adieu ! Julie me dit que tu vas venir nous embrasser à Pâques. Combien reste-t-il d'heures à passer jusque-là ? je suis sûre que tu en as déjà fait le calcul.

« Adieu, adieu.   « ÉLISE. »

Jean-Jacques Ampère à dix-huit mois voulait embrasser le buste de *Bonaparte* en l'appelant son *papa :* cet enthousiasme précoce pour le héros qu'admiraient alors, en France, beaucoup d'hommes et plus de femmes encore, ne devait pas durer longtemps ; il disparut aussi vite que la liberté, et ne se réveilla pas, cinquante deux ans plus tard, devant un buste de Napoléon III, dans une circonstance que nous rappelle la lettre d'Élise.

En 1854, au moment de la guerre de Crimée, notre ami toujours à Rome, choyé, recherché, engagé par les indigènes et les étrangers de tous pays qui s'abattent pendant quelques mois d'hiver sous ce ciel méridional ; notre ami, dis-je, fut invité à dîner chez un très-honorable citoyen américain, M***. Bien recevoir ce jour-là un hôte aussi aimable, aussi distingué, devint l'idée fixe, le but unique du maître de la maison, qui se mit à chercher, à chercher beaucoup pour tirer de sa cervelle d'outre-mer certaines nuances délicates de politesses raffinées, qu'il voulait rendre toutes françaises.

Offrir d'abord à son convive de choix la société d'un compatriote. *M. Mangin* (fils du célèbre préfet de police de la Restauration et remplissant à Rome le même office au double service du pape et de la France), parut à l'amphitryon une ingénieuse inspiration. Mais ce n'était pas assez, il fallait mieux encore. Quoi donc? nous y voici.

Dans la chambre du festin, l'image de *Louis-Napoléon* couronné de lauriers sera posée sur une petite colonne, juste en face de M. Ampère. Ainsi accueilli par des visages amis, vis-à-vis de son souverain, à côté d'un fonctionnaire du gouvernement impérial, l'illustre savant, qui n'a pas besoin de stimulants pour être en verve, sera plus à l'aise, plus charmant, plus causeur que jamais. Quelle fête ! quelle aubaine pour les heureux dîneurs !

Il est sept heures du soir ; tous les convives sont réunis via Babouino ; la soupe est servie, on passe gaiement du salon à la salle à manger; M. Ampère, qui a donné le bras à Mme ***, la salue, en prenant sa droite, et bientôt, sous l'influence de ses bienveillantes impressions, il gagne tous ces cœurs de Boston en racontant quelques épisodes de ses promenades en Amérique. Tout à coup le narrateur s'arrête comme pétrifié ; ses yeux ont rencontré la figure de *plâtre,* et le sourire de M. le préfet. Dès lors, il ne s'agit plus de souvenirs lointains, de rêves agréables, de république ou de liberté ; il faut quitter le nouveau monde et rentrer chez soi.

Un silence obstiné succède immédiatement à l'entrain général. En vain les dîneurs, intéressés tout d'abord par les récits du voyageur, tâchent de ranimer la conversation interrompue ; elle tombe pour ne plus se relever. M. Ampère, qui contenait mal son impatience, se lève de table avec tout le monde, et marchant doucement sur les pas du maître de la maison : « Monsieur, dit-il d'une voix légèrement émue, en me faisant le plaisir de m'engager à une réunion de famille, si vous aviez bien voulu m'adresser la liste des invités, j'aurais décliné l'honneur de votre hospitalité. Tous les Français, monsieur, ne professent pas comme les Américains le culte passionné du pouvoir absolu. » Sur ce, notre ami saisit son chapeau et se sauve.

Cette boutade fit du bruit à Rome, et du chemin à Paris.

Rapportée fidèlement par un des convives,

racontée par un ministre [1] à un académicien [2],
il est aisé de croire qu'elle n'ajouta rien à la
faveur dont jouissait déjà l'auteur de l'*Histoire
romaine à Rome* à la cour de César.

Revenons à ces fêtes de Pâques si impatiem-
ment attendues par André et sa femme : le bonheur d'être ensemble n'a pas duré longtemps.
« Ce voyage me laisse encore de plus doux
souvenirs que l'autre, écrit la pauvre délicate
dont la faiblesse augmente. Conservons dans
nos cœurs la certitude de notre affection réci-
proque, et nous supporterons mieux l'absence. »

A ces douces paroles, André répond par de
tendres regrets et le récit naïf de ce qu'il
appelle ses petites aventures.

D'ANDRÉ A JULIE.

« Bourg, mardi soir.

« Ils ont passé comme un éclair ces trois jours,
et je me retrouve à Bourg. Je ne sais quoi me

1. M. Fortoul.
2. M. Molh.

pèse sur le cœur et me fait faire de tristes réflexions sur la rapidité du temps.

« Pourquoi ai-je eu tant d'affaires, ou de parties d'amusements ? Est-il des amusements qui me dédommagent des heureux moments que je passe quand tu me dis toutes tes pensées ? Voilà ceux que je regrette toujours et qui font le charme de mes souvenirs. Que je fus heureux le jour de mon arrivée ; tu vins avec moi chercher le petit en Bellecour ; nous y restâmes après lui en tête-à-tête ; il me semble encore sentir le chagrin que les demoiselles Allard me firent en l'interrompant ; ce sont elles aussi qui m'enlevèrent la fin de l'après-dînée du lendemain où j'avais été distrait le matin par mille courses inutiles, et par Ballanche aussi.

« Ce jour compterait à peine dans ma vie d'amour, sans notre solitude du soir. Le samedi devait être le dernier jour de ma joie ; il fallait voir M. Roux, M. Petetin ; j'accompagnai ma tatan chez M. Dumontet, j'allai chez M. Brac, chez Ballanche où j'appris la mort du préfet : je revenais à tes pieds, j'espérais du moins y passer mes derniers moments ; tu me fis asseoir sur la banquette ; cette *banquette* me fait plaisir à penser. Hélas! tu m'envoyas parler à Marsil du préfet et je trouvai en revenant du monde avec toi.

« Me voici mieux disposé aujourd'hui à te faire le récit de mes petites aventures; tout fut bien jusqu'à Trévoux où je dînai chez M. Billiond avec lui, sa femme, son frère et son clerc. Mme Billiond est fort jeune; ses traits réguliers mais durs; il y a quelque chose de singulier dans ses sourcils, qui semblent révéler je ne sais quoi d'*atroce;* on ne peut en soutenir la vue; sans cette expression farouche, elle pourrait passer pour jolie. Son beau-frère m'en a fait l'éloge et je regarde ce qu'il m'en a dit comme bien contraire à l'opinion de Lavater.

« Je me décidai, à cause du mauvais état des chemins de traverse, à suivre la route de Châtillon, tant que je pourrais aller. On me parla alors d'une carriole; je courus à l'auberge où on la prend, elle était partie ; pour trente sols, j'aurais épargné mes pieds et mes souliers. J'eus de la pluie jusqu'à Villeneuve; je voulais y coucher à la belle étoile; mais, voyant le temps s'éclaircir, je continuai ma route. La boue de Bresse passait toujours par-dessus les quartiers de mes chaussures ; j'arrivai à huit heures à Châtillon, où je n'eus que les premières gouttes d'une pluie à verse ; si elle était venue plus tôt, le parapluie que m'avait prêté Billiond aurait été bientôt percé.

« Me sentant le lendemain un peu refait, je voulus passer au Chapuis pour y voir M. et Mme Dussablon. Cela allonge d'une bonne demi-lieue ; j'espérais m'y reposer, et y déjeuner. Mais arrivé là, à sept heures du matin, on me dit qu'étant un peu fatigués, monsieur et et madame ne se lèveraient qu'à neuf heures. Sur-le-champ, je fus rejoindre le grand chemin à Neuville, où j'achetai une demi-livre de pain que je mangeai en marchant avec un morceau de saucisson. Ayant encore à faire près de trois lieues pour arriver à Bourg, je me sentis si las, si las, que je me couchai au pied d'un arbre sans savoir quel parti prendre. Les cinq lieues faites la veille dans la boue m'avaient coupé les jambes, comme on dit ici ; incapable de continuer, j'attendais sur la route, quand voici venir une carriole ; j'approche, c'étaient Cardon, Grippière, etc., qui justement revenaient de Sondron. Je montai auprès d'eux et comme ils ne voulurent pas que j'entrasse dans les frais, je m'en tirai pour quinze sous d'étrennes au conducteur. Rentré à midi, j'ai dormi jusqu'à deux heures, et donné ma leçon à quatre.

« Jeudi soir.

« Pour nouvelles, je te dirai qu'on a rendu ici l'église de Notre-Dame aux prêtres insermentés; les autres ont fait contre cette mesure une protestation qui n'a rien produit.

« Le jour de Pâques, on a dit une grande messe solennelle, où le préfet a assisté. Toutes les avenues de l'église étaient encombrées de monde, depuis sept heures du matin jusqu'au soir.

« Je veux aller demain m'acquitter de ce que tu sais et prier pour vous deux. Adieu, ma bienfaitrice ; tu me grondes quand je me sers de ce mot et je l'emploie à chaque instant; pardonne-moi ; tu ne veux pas sans doute m'enlever le peu de plaisir qui me reste loin de toi.

« A. Ampère. »

DE JULIE A ANDRÉ.

« Lyon, dimanche.

« Pochon m'apporte ton journal ; je vois que mon pauvre ami a été bien mouillé, crotté et peut-être enrhumé.

« Pourquoi t'imaginer que le temps que tu as sacrifié à tes affaires a pu gâter ton séjour ici? n'avons-nous pas eu de bons moments ensemble, quand je te donnais le bras, ou bien en courant avec le petit sous les arbres de Bellecour? tout cela, n'étaient-ce pas des jouissances ? Tu les a bien comprises, et ta lettre qui vient de me faire pleurer n'est pas écrite par un cœur insensible ; je l'aime bien, cette lettre ; elle me peint ton âme, et ton âme est ce que j'aime le plus en toi; elle n'est pas ordinaire : elle sacrifierait tout au bonheur de ton amie, mais ta mère, tu dois aussi l'aimer bien tendrement ; tu l'aimes ! mais pas comme il faut aimer sa mère. Tu ne m'as pas dit un mot de gronderie lorsque je te parlais d'elle un certain soir que j'avais l'esprit monté ; j'aurais voulu que tu m'eusses fait sentir que j'avais tort, et que ce ne soit pas moi qui m'en fusse aperçue la première. Je suis injuste lorsque j'ai de l'ennui; cette pauvre maman en a eu, et en a tant encore !! Mon bon ami, mon André, écris-lui donc toutes les tendresses que tu sens pour elle. Le grand bonheur qu'un cœur maternel puisse éprouver est de retrouver dans celui de ses enfants une partie de ses propres sentiments, de ceux qui l'ont animée dans tous les soins qu'elle leur a prodigués. Mon pauvre petit, s'il venait à ne pas m'aimer toujours, qu'il eût une femme qui lui dise que je ne fais pas les choses comme il convient, que je détesterais cette femme! mais je ne serai jamais comme cela; j'aime ta mère de tout mon cœur, je la respecte; elle le mérite par ses vertus, et si quelquefois la vivacité me fait dire quelque chose, c'est toujours sur le manque de prudence pour l'avenir dont sa piété ne lui permet pas de s'inquiéter.

« Voilà bien des radotages et je n'ai encore rien dit pour celui qui a toute ma confiance, que j'aime comme un frère qui passera sa vie avec moi et notre enfant, ne troublera jamais sa Julie par des querelles et fera tout pour la rendre heureuse. Quand notre petit sera grand, nous irons peut-être passer la belle saison à la campagne; l'hiver, nous le ferons danser à la ville, car je veux qu'il soit gai, gentil comme à présent.

« Adieu, adieu.

« Ta Julie. »

Pour ceux qui ont connu intimement J.-J. Ampère, le cœur de Julie se retrouve tout entier dans celui de son fils, avec ses touchants repentirs, ses remords profonds et pleins de grâce à l'occasion de fautes vénielles ou imaginaires.

Mme André gronde son mari de ne l'avoir pas grondée quand elle avait l'esprit monté au sujet de sa belle-mère; voilà un sentiment d'une générosité rare ; combien de femmes devront reconnaître ici un exemple à suivre !

Faire la part des autres en pareille circonstance, sans égoïsme, sans petitesse, sans jalousie, quelle équité ! quelle preuve d'élévation d'âme et d'intelligence ?

N'allons pas conclure de ses doux reproches qu'Ampère négligeait sa mère ; il l'aimait tendrement au contraire ; sa conduite envers elle lorsqu'il s'agit du petit domaine de Polémieux, qui leur appartenait en commun, suffirait à montrer son respectueux dévouement filial, si tout le cours de sa vie n'en offrait de nouveaux témoignages.

En cherchant dans les pieux sentiments de la douairière Mme Ampère l'explication d'une administration parfois imprévoyante, elle fait preuve de bonté en même temps que d'ingénieuse délicatesse ; cette fortune de famille était si modique que la plus petite dépense d'extra devait causer de grands embarras.

En matière d'économie, l'indulgence de Julie semble bien aimable, car elle pratiquait dans sa maison un ordre rigoureux, presque stoïque, qui pouvait en faire un juge sévère.

D'ANDRÉ A JULIE.

« Bourg, mardi.

« Qu'elle était jolie, ta lettre, ma chère Julie ! Comme elle m'a fait désirer un autre voyage en me retraçant les joies que j'avais goûtées au dernier !

« Envoie, je t'en supplie, chercher M. Petetin ; tu restes dans un état alarmant ; rappelle-toi qu'il est absolument urgent de commencer un traitement ; voilà une année perdue qui a sûrement empiré le mal.

« J'ai fait hier une importante découverte sur la théorie du jeu[1] en parvenant à résoudre un

---

1. L'ouvrage publié à Lyon en 1802, sous le titre de : *Considérations sur la théorie mathématique du jeu,* avait

problème plus difficile encore que le précédent.
Je travaille à l'insérer dans le même ouvrage,
ce qui ne le grossira pas beaucoup, parce que
j'ai fait un nouveau commencement plus court
que l'ancien. Je suis sûr qu'il me vaudra,
pourvu qu'il soit imprimé à temps, une place
de Lycée, car dans l'état où il est à présent, il
n'y a guère de mathématiciens en France (je
le répète) capables d'en faire un pareil. Je te
dis cela comme je le pense pour que tu ne le
dises à personne.

« Ce nouveau projet ne me permettra pas de
t'envoyer demain le manuscrit. Quant à celui
des *séries,* il s'avançait bien, au moment où
M. Le Clerc est tombé malade. Je le remplace
dans sa classe.

« Afin d'imprimer mon mémoire, il faudrait
savoir quand il aura été présenté à l'Athénée
de Lyon, puisqu'on doit en parler sur le titre.

pour but, non la théorie d'un jeu particulier, mais la solution d'un problème général qui avait occupé le génie de
Pascal, de Fermat, et même de Buffon, c'est-à-dire une
évaluation exacte, d'après le calcul des probabilités, des
dangers que court l'homme qui expose une mise aux
chances d'un jeu de hasard *.

* Note de M. de Loménie, prise dans sa biographie des *Contemporains
illustres.*

Que Ballanche presse, sollicite M. Roux de ma part.

« Pense à toi, ma charmante amie, pour l'amour de ton enfant et de ton mari. Oh ! oui, le petit t'aimera bien et sa petite femme aussi. Ils auront une si bonne et si aimable maman : voilà des rêves très-éloignés ! Mais le temps a beau peser, il passe. Quand donc sera écoulé celui qui retarde notre réunion ?

« A. AMPÈRE. »

DE JULIE A ANDRÉ.

« Lyon, vendredi.

« Mon ami,

« Tu sais, par le bout de lettre que je mis l'autre jour à la poste, que j'ai vu le médecin et que tes beaux sermons sont de reste, puisque j'ai fait de moi-même ce que tu voulais que je fisse. Ne suis-je pas la plus intéressée à me soigner ? Voilà une année perdue pour ma guérison ! Il faut me plaindre d'autant que je n'ai pas manqué de suivre les conseils de celui que vous avez tous choisi.

« Mais, mon pauvre mari, ce n'est pas la première fois que tu m'as fait sourire en me disant de te promettre que je ne serais plus malade. Ah! la santé est si précieuse que, si je possédais des richesses, pour obtenir ce bien-là je les sacrifierais toutes. Mais il faut se soumettre, espérer dans l'avenir, prendre patience ; prends-la donc aussi cette patience, mon fils, et ne te fagote point la tête comme tu le fais par tes calculs; car, se guérir n'est pas un problème qui puisse se résoudre, et nous aurions beau vouloir y parvenir, si le Maître de notre être veut que nous soyons ainsi, il faut savoir supporter ses maux en faisant ce qu'on peut pour s'en distraire; c'est à quoi je tâche d'arriver, en ne me désespérant pas. Bénissons tous nos bons parents qui m'aiment bien, qui ne me laissent éprouver de privations d'aucun genre, et tout cela de si bon cœur! Pourtant, malgré leur amitié, il n'est vraiment doux de recevoir que d'une mère et de toi. Je t'aime bien, *toi* qui aimes ta Julie toujours et *quand même;* nos cœurs s'entendent, oh! oui, nous deviendrons heureux, notre petit restera longtemps jeune et gai. Un jour, dans quelque petite campagne que nous ferons bien cultiver, nous serons paisibles.

« M. Coupier te prie de renvoyer le livre à de Gérando ; Ballanche doit demander à M. Roux si ton ouvrage a été présenté ; donne-moi des nouvelles de M. Clerc ? Tu dis toujours qu'on devra se presser d'imprimer le petit mémoire ; mes cousins pensent de même ; mais pour cela il faut l'avoir.

« Ton fils t'a écrit des barres.

« Adieu, adieu, je t'embrasse bien fort ; c'est un bon baiser de ceux que tu aimes, que je ne te donne pas avec distraction, de ceux que Mlle Carron ne t'a jamais donnés.

« Adieu.

« Ta Julie. »

La reconnaissance de Julie envers les siens est profonde, et pourtant, ajoute-t-elle, « *il n'est vraiment doux de recevoir que d'une mère et de toi.* »

Quel éloge Julie sait faire du cœur de son mari en le confondant avec celui de sa mère et comme une sage résignation se mêle ici à sa tendresse !

D'ANDRÉ A JULIE.

« Bourg, mardi.

« Je mériterais que tu me battisses de n'avoir pas terminé les corrections que je veux faire à mon petit mémoire. De nouvelles idées sur cette théorie m'ont obligé à refondre le tout, il en sera meilleur. Je ne puis l'achever sans un jour de vacance ; mais comment demander à M. Clerc de reprendre sa leçon avant qu'il ait retrouvé toutes ses forces ?

« J'ai enfin été voir l'église de Brou. Je veux en envoyer une belle description à ma sœur Élise, lui faire une superbe lettre tragique, mélancolique et sépulcrale. Je me souviens qu'elle aime Hervey et Young ; au fond, cette église n'a pas tout à fait répondu à mon attente.

« Ah ! si au lieu de lire ma description, tu avais pu venir avec moi à Brou ! En sortant, nous aurions été nous promener au clair de lune dans les jolis sentiers d'un petit village, vis à vis, à deux cents pas du collége. Je voudrais que tu pusses marcher là un seul jour pour y laisser des souvenirs que j'irais rechercher ensuite.

« Tu m'as dit que mon fils m'avait écrit des barres, pourquoi ne les ai-je pas reçues ?

« On m'a envoyé hier deux soldats que j'ai fait loger à l'auberge, à dix sols chacun.

« Croyant que je devais être exempt ici, les six premiers mois, j'ai été réclamer; cette démarche n'a servi qu'à m'avertir que j'allais être imposé à la contribution somptuaire et mobilière.

« AMPÈRE. »

Une contribution somptuaire imposée à la vie laborieuse d'André et à l'élégance de ses quatre murs gris et froids nous semble du luxe.

D'ANDRÉ A JULIE.

« De Bourg, jeudi.

« Ma chimie a commencé aujourd'hui. De superbes expériences ont inspiré une espèce d'enthousiasme à douze auditeurs. Il en est resté quatre après la leçon; je leur ai assigné des emplois qui me mettront à même de n'avoir presque rien à faire.

« 1° L'Écuyer, trésorier et gardien de la clef

du laboratoire, fera les petites emplettes, pré-
parera et lutera les vaisseaux.

« 2° Dubos, rangeur en chef, mettra chaque
chose à sa place.

« 3° Ribon, aide rangeur, sera chargé en outre
de tirer de l'eau et de fournir du sable.

« 4° Etc... Mais qu'importe tout cela à une
malade qui ne se soucie non plus de chimie
que du Grand Turc?

« Ah! ma pauvre petite, je viens de recevoir
un mot qui ferait pleurer l'homme le plus dur.
Jusqu'ici tu n'as gagné à ton traitement que
des maux de tête et plus de faiblesse encore.
Que je bénirais les eaux de Charbonnières, si
tu y retrouvais la santé!

« A. Ampère. »

DE JULIE A ANDRÉ.

« Lyon, vendredi.

« Je suis bien aise que tu aies trouvé des aides
et plus de temps à toi. Prends garde à ta chimie;
tes bas bleus sont perdus avec ce maudit acide
qui brûle tout. J'espère que ton livre sera enfin
terminé mercredi, et qu'on pourra l'imprimer.

M. Daburon est ici; je pourrai le lui montrer afin qu'il corrige le style du commencement.

« Élise a été malade à la suite de l'inoculation. Toutes les femmes du voisinage, depuis le numéro 15 jusqu'au numéro 18, sont accouchées dans l'espace de huit jours ; ça fait sept enfants. On a sonné les cloches de Saint-Jean pour le 14 juillet. Je te donne mes nouvelles comme on jette des *époques* dans le four. Ce n'est pas ma faute si je suis bête, j'ai été trop longtemps à l'eau fraîche; mais je veux avoir de l'esprit dans mes lettres à venir.

« Peut-être que Dieu me guérira, lui seul, au moment où je l'espère le moins. En attendant, je tâche de ne pas trop m'inquiéter de la dépense que mon régime occasionne; les fraises et les fruits rouges sont hors de prix, le sucre fond aussitôt qu'on l'achète ; ma pauvre maman ne cesse de payer. Une petite chambre à Charbonnières coûte cinquante sols par jour, que d'argent! la mienne est arrêtée. Je compte partir vendredi.

« A combien de choses ne suis-je pas entraînée pour rétablir cette santé! Ah ! si une fois je la tiens, je veux en jouir et n'entends pas que tu me rendes malade. Mais si les eaux ne me guérissaient pas, je ferais par dépit une petite Julie, pour essayer de tous les remèdes.

« Mon cousin *copie* pour toi quelque chose qui est sur les journaux. Écris vite ton livre, je t'en prie, en grâce ; tant pis si le commencement ne va pas si bien. Adieu ; il y a seize jours que je ne t'ai pas embrassé ; je t'aime et t'embrasse pour tous les jours que tu as passés loin de ta Julie. »

D'ANDRÉ A JULIE.

« Bourg, samedi.

« Tu me parles d'un nouveau remède. Oh ! que ne peut-il te guérir ! Je pourrais réparer le mal que je t'ai fait par un remède comme celui-là ? Non, ma raison combat ces mots de ta lettre, tu sens bien que cette pensée me revient sans cesse ; mais je la chasse de toutes mes forces, ma Julie ! Ils sont passés pour jamais peut-être ces jours commencés dans la maison rue Bas-d'Argent.

« Quelle émotion leur souvenir fait naître dans tout mon être, ce n'est pas tant heureux jours, qu'heureuses...

« Tu recevras avec cette lettre six louis pour
aller à Charbonnières.

« Il ne m'est arrivé aucun accident ; les expériences réussissent ; je parle avec facilité et
abondance, depuis qu'il n'est question que de
cette science qui m'inspire plus d'attrait que le
reste de la physique.

« Encore quatre semaines de travail avant
d'aller retrouver ma Julie. Je baiserai ce gentil
petit babillard et je serai heureux deux mois.
Ah! je veux que ces deux mois soient les meilleurs de ma vie. Si nous nous promenons
quelquefois en tête-à-tête dans ces campagnes
où M. Ampère cherchait à rencontrer Mlle Carron...

« Au sujet de mon livre, je vais te dire le mot
de l'énigme ; non-seulement le commencement
n'est pas fait, mais je ne savais comment démontrer une formule de mon invention dont
j'avais besoin pour la dernière conséquence de
mon mémoire. Je cherchais inutilement cette
démonstration depuis plusieurs jours et cela
me dégoûtait du travail ; je viens de la trouver
cette nuit, à deux heures. Je t'écris à neuf
heures du matin et l'ouvrage sera absolument
fini à midi. J'aurai une semaine entière pour le

relire et le corriger. Tu le recevras certainement mercredi prochain avec mon beau pantalon. J'ai fait le compte de mes nippes, tout y est, excepté un mouchoir qui sera resté dans quelque poche d'habit.

« Lundi.

« J'ai fabriqué des briquets phosphoriques ; un seul allait bien. J'en ai rendu un autre bon en le chauffant à la chandelle. Voulant en compléter un troisième de la même façon, il est sauté en l'air avec explosion ; le phosphore est tombé sur mon papier et l'a brûlé à cette page de ma lettre. Les éclats de la petite fiole m'ont caressé la figure sans me blesser ; cet incident me rendra bien prudent.

« J'ai appris que c'était le 14 juillet par M. le maire, qui m'invitait à assister à la messe du *Te Deum* pour célébrer l'anniversaire de la prise de la Bastille. Les prêtres catholiques ont chanté le *Te Deum;* cela est tout comique. Mais je n'avais que faire là, et je crois que bien d'autres ont pensé comme moi.

« Sept enfants en trois maisons, c'est la bénédiction de Dieu, pourvu qu'ils ne fassent pas tous mal à leurs mères !

« A. AMPÈRE. »

DE JULIE A ANDRÉ.

« Lyon, dimanche.

« Mon ami, je comptais partir avant-hier ; la voiture était arrêtée. les paquets prêts ; mais une bien mauvaise nuit a tout dérangé ; j'ai senti des douleurs dans le côté, pareilles à celles qui m'ont déjà fait tant souffrir.

« Demain, si je suis mieux, je m'embarquerai ; sinon je payerai la chambre, et une dizaine de francs seront autant de perdus.

« Dans ce dernier malaise, le médecin m'a examinée avec grand soin, disant que jusqu'à présent il n'avait pu bien juger de l'état des choses. Il déclare aujourd'hui que cette douleur et cette grosseur viennent d'un dépôt de lait, que ce n'est pas du tout dangereux. Je le crois comme lui.

« Tu passeras, dis-tu, cher André, deux mois bien heureux près de ta femme et de ton fils si je te dis toutes mes pensées... Mes pensées ! mon pauvre ami, elles sont d'un genre triste et monotone. Quand on est forcé de songer à sa personne pour éviter des maux plus cuisants, on est peu agréable; car l'esprit se ressent trop des souffrances du corps. Cette indisposition passera, je retrouverai des forces, ménage les tiennes, pour que je n'aie pas tous les maux.

« J'avais raison de ne pas tenir pour certain que tous ces remèdes me guériraient; les médecins ne sont pas des dieux! Au reste, si M. Petetin s'est trompé, il l'avoue de trop bonne foi pour qu'il soit possible de s'en plaindre. Aussi j'espère que tu n'en parleras jamais, jamais à personne.

« Adieu, mon meilleur ami, celui avec lequel j'aime à ouvrir mon cœur; tu t'en aperçois, car je ne sais pas assez te cacher mes découragements de santé.

« Adieu, mon fils, je t'envoie plus de baisers que tu ne m'en demandes.

« TA JULIE. »

« Que penses-tu de ce que dit Bonaparte pour le galvanisme? »

Les médecins ne sont pas des dieux, dit Julie, M. Petetin est là pour le *bien prouver*.

Mais tâchons d'être aussi indulgents que la pauvre malade, malgré l'étonnement que peu-

vent nous causer les ordonnances de son docteur. Comptons que, depuis soixante ans, l'art
médical a fait de grands progrès à Lyon et que
pour un état de faiblesse croissante, on trouve
aujourd'hui d'autres réconfortants que le régime
de la diète et du lit, des fraises, des cerises,
de la glace, des cloportes à prendre on ne sait
sous quelle forme, et de l'infusion de persil.

D'ANDRÉ A JULIE.

« Bourg, jeudi.

« Je sais bien que ton mal pourra se dissiper
de soi-même avec de l'exercice et l'air de la
campagne; mais encore serait-il bon d'aider la
nature!

« Mon amie, ma Julie, pourquoi ai-je été
nommé professeur à Bourg? Ma Julie, voilà la
seule pensée pour laquelle j'ai l'esprit libre et
il faut pourtant que je fasse aujourd'hui une
petite explication de mon mémoire à M. Delalande qui est arrivé ici. De plus il a désiré que
je l'invitasse à une réunion d'élèves qui ont
suivi mon cours d'astronomie, pour observer

les astres ensemble. Cela m'aurait bien amusé dans toute autre circonstance.

« M. Ribon a présenté une copie de mon mémoire sur le jeu à la Société d'émulation ; j'en ai été nommé membre à l'unanimité.

« Mille remercîments à ton cousin de ce qu'il m'a envoyé : c'est un prix de soixante mille francs proposé par Bonaparte que je tâcherai de gagner quand j'en aurai le temps. C'est précisément le sujet que je traitais dans l'ouvrage sur la physique que j'ai commencé d'imprimer ; mais il faut le perfectionner et confirmer ma théorie par de nouvelles expériences.

« Mille choses à ta maman, à Élise, vingt baisers au petit et tout mon être à toi. Oh ! mon amie, si M. Delalande me fait nommer au Lycée de Lyon et que je gagne le prix de soixante mille francs, je serai bien heureux ; car tu ne manqueras de rien et tu n'en seras plus à regretter les dix francs de ta chambre arrêtée à Charbonnières.

« A. AMPÈRE. »

Le programme de ce prix proposé par Bonaparte commençait ainsi : « Je désire donner un encouragement de soixante mille francs à

celui qui, par ses expériences et ses découvertes, fera faire à l'électricité et au galvanisme un pas comparable à celui qu'ont fait
faire à ces sciences Franklin et Volta.

« Quand j'aurai le temps, écrivait André à sa
femme, je tâcherai de gagner ce prix, et si
M. Delalande me fait nommer au Lycée de
Lyon, je serai bien heureux, car tu ne manqueras de rien. »

Adorable bonhomie. belle et naïve confiance
en ses forces que son génie justifiait si bien !

D'ANDRÉ A JULIE.

« Bourg, vendredi.

« Je fis avant-hier une visite à M. Delalande ;
il me donna de grands coups d'encensoir, disant
qu'il n'y avait qu'en France qu'on trouvait des
mathématiciens comme moi, etc., etc.

« Il finit par me demander des exemples en
nombre de mes formules algébriques. assurant
qu'ils étaient nécessaires pour mettre mes ré-
sultats à la portée de tout le monde. dans le
rapport qu'il en ferait ; tandis que sous leur
forme algébrique. plus élégante et plus inté-

ressante pour cinq ou six mathématiciens de première classe, elles ne seraient appréciées que d'un très-petit nombre. Il doutait même, ajouta-t-il, que les gens de la force de M. Clerc me comprissent.

« J'ai conclu de tout cela que M. Delalande n'avait pas voulu se donner la peine de suivre mes calculs, qui exigent en effet de profondes connaissances en mathématiques. Je lui ferai des exemples, mais je persiste à imprimer mon ouvrage tel qu'il est, ces exemples lui donneraient l'air d'un ouvrage d'écolier. Je voudrais pourtant être sûr que j'ai raison en cela contre M. Delalande. Mais où consulter quelqu'un capable de décider irrévocablement? Je ne sais à qui m'adresser.

« J'ai trouvé hier une autre démonstration relative à ce problème qui lui donnera un nouveau prix, mais qui m'oblige encore à récrire trois ou quatre pages.

« Je fus hier dîner chez Mme Beauregard avec des mains noircies par une drogue qui ne fait point de mal, mais qui s'attache à la peau pour deux ou trois jours. Elle prétendit que cela semblait du jus de fumier, et finit par se lever de table en disant qu'elle dînerait quand je serais loin.

Je convins avec cette dame que j'étais au tiers
du mois, et que je n'y retournerais que lorsque
mes mains seraient blanches; je n'y retourne-
rai plus, bien entendu. La Perrin me sert à
dîner moyennant dix-huit francs par mois sans
le vin.

« A. Ampère. »

« Je n'ai plus rien de propre; envoie-moi un
petit paquet; car, dans une chambre parquetée
et bien ornée, il ne faut pas avoir un extérieur
aussi négligé que quand on va manger chez
une... »

DE JULIE A ANDRÉ.

« Lyon, vendredi.

« Mon bon ami, je t'approuve d'avoir quitté
Mme Beauregard d'après sa politesse; mais je
voudrais que cela te fît faire un peu plus d'attention à ta personne et à ta propreté; car
beaucoup de gens pourront penser tout bas ce
que tu as entendu dire tout haut. Si tu rends
quelques visites, tâche donc d'avoir un peu
l'air d'un honnête homme. cela fera plaisir à ta
pauvre femme qui n'en a pas beaucoup.

« Voici les petites choses demandées et un gilet que je t'ai fait moi-même; il est plus frais que les autres sans être plus salissant. Tu mettras dans ton paquet de mercredi ta roupe, ton gros habit de velours de coton, tes bas de laine.

« Ma tendresse pour toi fait tout le contraire de mes forces; car depuis notre mariage, l'une augmente, les autres diminuent; jamais pourtant je n'ai eu l'esprit si tranquille, quoique nous ne sachions guère ce que nous deviendrons. Les neuf louis sont arrivés à temps. Écris à Élise et prends garde que je n'aie pas l'air de te l'avoir dit.

« Adieu, mon fils, ta femme t'embrasse et te quitte parce que sa main ne peut plus aller.

« Adieu.

« Ta Julie. »

Ce titre de fils, si tendrement donné, fait doucement passer un sérieux conseil.

André, tout absorbé par ses hautes spéculations scientifiques, descendait rarement sur la terre quand il ne s'agissait que de lui-même. Julie avait une année de plus que son mari, et sa sollicitude protectrice veillait et s'étendait incessamment sur lui, de loin aussi bien que de près. Elle cherchait à écarter tous les petits embarras matériels qu'une distraction déjà parfois invincible créait souvent autour du grand physicien.

Pour réussir à fixer son attention sur de petites choses antipathiques à son esprit, c'était encore au cœur d'Ampère qu'elle s'adressait. « Tâche donc, dit Julie, d'avoir un peu l'air d'un honnête homme ; cela fera plaisir à ta pauvre femme. »

D'ANDRÉ A JULIE.

« Bourg, mardi soir.

« Ma bonne amie, tu vas recevoir le petit ouvrage ; il s'en faut de beaucoup que j'en sois content. Je viens encore d'y faire des corrections ; mais j'en trouve toujours le style détestable. Il est vrai que cela ne nuit pas à l'exactitude des calculs qui en font tout le prix. Si ces calculs sont nouveaux et que personne n'ait encore inventé les formules où ils me conduisent, ils pourront intéresser les mathématiciens. Mais si ces formules, je le répète, sont déjà connues, je n'aurai fait qu'afficher de l'ignorance ou de la mauvaise foi. Cet inconvénient, au reste, a lieu pour toutes sortes de découvertes, puisqu'on ne peut jamais être sûr que les mêmes choses n'aient pas été trouvées avant vous.

« Qui pourrai-je consulter là-dessus? M. Clerc est aussi intéressé que M. Roux à ce que je ne sois pas choisi au concours du Lycée où ils doivent se présenter. Je ne vois que M. Coupier qui, après avoir lu ce mémoire avec attention, puisse décider s'il consent à dire franchement son avis. S'il le jugeait favorablement, je l'enverrais à Morel Desjardins, à Camille Jordan, ce qui n'empêcherait pas de chercher à le répandre parmi les savants de la capitale.

« Mercredi matin.

« J'ai terminé la partie astronomique de mon cours et je vais passer à l'explication des dernières parties de la physique.

« Il y aura au moins trente-deux à quarante Lycées, mettons quarante; ce sont quarante professeurs de mathématiques et de physique à choisir en France. Le gouvernement nommera sur un tableau formé par trois membres de l'Institut d'après les examens et les informations qu'ils auront prises. Il faut absolument que je sois sur ce tableau un des quarante premiers, ou pour les mathématiques ou pour la physique. Mon espérance est de me faire distinguer en parlant également des deux sciences. J'entremêlerai à tout cela mes petites découvertes.

« Monge, l'examinateur pour l'École polytechnique, est arrivé hier. On commence aujourd'hui à neuf heures le concours. Le préfet m'a écrit pour me demander d'y assister.

« Mercredi soir.

« J'ai passé une partie du jour sans travailler pour ma Julie, car j'avais été obligé de renvoyer mes élèves du matin à l'après-midi. La journée m'a semblé longue ; comme le but de mon travail l'embellit à mes yeux ! si pénible qu'il soit, je le trouve doux quand il doit arrondir ton petit. si petit trésor.

« Ah, mon amie, quand serons-nous réunis, quand ce train de vie sera-t-il fini ? Je voudrais précipiter le temps et je sens cependant que notre sort dépend de l'emploi que j'en ferai.

« Je voudrais que tu devinsses bien, oui, bien heureuse, et je supporterais l'exil à ce prix.

« A. AMPÈRE. »

DE JULIE A ANDRÉ.

« Lyon.

« J'espérais trouver ton manuscrit dans le paquet ; à force de vouloir le perfectionner il ne sera pas terminé du tout et tu verras les Lycées s'organiser sans avoir eu le temps de te faire connaître.

« Je suis fâchée de ne pouvoir t'offrir mes conseils au sujet de ce mémoire ; mais tu sais que je n'y comprends rien. Ne pourrais-tu dans ta lettre à M. Roux lui demander, si par hasard tes idées étaient déjà connues, dans quel livre il te serait possible d'en trouver la preuve ; tu le forcerais ainsi à ne pas te répondre *oui* ou *non* légèrement.

« Voilà tout ce que je peux tirer de ma cervelle. Tu as encore un élève pour cette maudite chimie. Ces dix-huit livres ne profiteront pas du tout ; prends garde à tes gilets, à tes culottes. Je t'envoie un gros torchon avec des attaches pour mettre devant toi.

« Adieu, mon fils, ta femme t'aime bien et dit comme toi : Lycée, Lycée, quand te tiendrons-nous ? »

« JULIE. »

Sans être radical, l'expédient de Julie a du bon. « Je suis bien fâchée, dit-elle, de ne pouvoir t'offrir mes conseils au sujet de ce mémoire, mais tu sais que je n'y comprends rien. »

De son côté, M. Delalande trouve que les connaissances de M. Clerc ne sont point à la hauteur des formules algébriques d'Ampère.

M. Roux, sans nul doute, est plus fort en mathématiques que la femme d'André, mais pas assez cependant pour juger en dernier ressort l'œuvre de l'anxieux inventeur ; et celui-ci va bientôt s'apercevoir que l'oracle dont il attend les décrets avec tant d'impatience sur le terrain de ses découvertes ne saura rien non plus tirer de sa cervelle.

D'ANDRÉ A JULIE.

« Bourg, mercredi matin.

« Je t'envoie enfin, mon amie, une lettre pour M. Roux avec mon manuscrit. Tu trouveras dans le même paquet trois gilets, une paire de gros bas de laine, et ma roupe ; dans une des poches du gilet de velours jaune sont les douze livres huit sols que tu me demandes.

« Pourvu que M. Roux ne m'écrive pas que mes formules sont déjà connues !

« Je me trouve bien de mes soupers sans pouvoir concevoir comment la Perrin peut s'en tirer à six francs par mois.

« L'ouvrage que j'ai entrepris avec M. Clerc, et dont je ne serais jamais venu à bout tout seul, avance tellement qu'il sera prêt à imprimer dans un mois. Il sera intitulé :

« *Leçons élémentaires sur les séries et autres formules indéfinies.*

« Tu verras ce que tes cousins pensent à cet égard.

« Cet ouvrage étant à l'usage des établissements d'instruction publique, et manquant à l'ensemble des études mathématiques, doit être un jour très-recherché [1].

« J'entends sonner une messe où je veux aller demander la guérison de ma Julie. Pauvre petite !

« A. Ampère. »

---

1. Cet ouvrage, quoique très-avancé, ne se termina jamais.

DE JULIE A ANDRÉ.

« Lyon, vendredi matin.

« Je le tiens enfin ce manuscrit que j'avais tant de peur que tu n'achevasses pas. Je viens de le remettre à mon cousin Périsse ; tu sais s'il s'y intéresse. Ta lettre à M. Roux est fort bien. En tout, je trouve mon mari très-sage, très-gentil ; je l'aime d'avoir tant travaillé.

« Samedi matin.

« Mon cousin demande si tu as une seconde copie de ton ouvrage ? De plus il paraît craindre que si tu le fais imprimer, le gouvernement ne trouve pas de son goût une brochure qui parle contre les jeux, retirant de la loterie une forte imposition.

« C'est l'ami Ballanche qui l'a porté à M. Roux. Ne sachant pas à quel point vous êtes liés, ce dernier dira peut-être la vérité ; du reste il sera sans doute satisfait de la confiance que tu lui montres.

« Voici un saucisson et deux fromages pour tes soupers ; je suis contente que tu sois bien.

« Tu viendras donc bientôt ! nous avions fait

le projet d'aller à la campagne, de jouir des jolies promenades avec le petit ; et je devrai peut-être rester quelquefois à la ville dans mon lit ou sur ma bergère. Cependant ne désespérons de rien ; les forces me reviendront pour aller à Saint-Germain.

« Pauvre Ampère qui a toujours une femme malade, qu'il aime pourtant bien !

« J'ai toujours oublié de te redemander mes *Heures* que tu pris pour aller faire tes Pâques ; si tu les as, rapporte-les.

« Adieu, adieu.

« TA JULIE. »

D'ANDRÉ A JULIE.

« Bourg, mardi.

« Je ne trouve aucune apparence de possibilité à ce que le gouvernement désapprouve mon petit mémoire. Est-ce que la loterie royale sous l'ancien régime empêchait de prêcher contre le jeu ? Le gouvernement sait bien que cent mille mémoires sur ce sujet ne dégoûteraient pas les badauds de porter leur argent dans ses bureaux. Je persiste donc à le faire imprimer à mes frais ; cela ne saurait aller à deux cents francs; et j'en retirerai bien toujours au moins les trois quarts en en vendant quelques-uns.

« Tout cela, du reste, est subordonné à la lettre de M. Roux qui se fait bien attendre. Ce petit ouvrage me fera attribuer une bonne part du livre qui va paraître par Ampère et Clerc, professeurs à l'École centrale du département de l'Ain, tandis que mon collaborateur en aurait eu sans cela tout l'honneur comme professeur de mathématiques.

« Tu pèseras, ma bonne amie, toutes ces raisons pour et contre et tu décideras en dernière analyse du sort des *Considérations mathématiques sur le jeu*.

« J'ai trouvé tes *Heures* dans ma poche dix à douze jours après mon arrivée : je m'en sers habituellement; mais je te les rapporterai.

« Adieu.

« A. AMPÈRE. »

Voilà donc Julie nommée par André l'arbitre du sort des *Considérations mathématiques sur le jeu !* Heureusement qu'elle en décidera favorablement; car ce petit mémoire devait le mener non-seulement au Lycée de Lyon, mais beaucoup plus loin encore.

D'ANDRÉ A JULIE.

« Bourg, samedi.

« Depuis avant-hier, mon amie, je délibère si je t'écrirai le désagrément que j'eus à ma leçon de chimie. Comme je vois qu'il n'aura aucune suite, je me décide à te le raconter. M. Delalande avait annoncé qu'il viendrait jeudi à la leçon ; je m'étais paré de mon mieux, craignant d'autant moins que l'expérience préparée ne me jouât un mauvais tour qu'il ne m'était encore rien arrivé depuis que j'avais commencé la chimie. Je regardais dans les tubes de l'appareil les progrès de l'expérience, quand un bouchon sauta ; je reçus dans l'œil droit, où je n'ai pas le moindre mal aujourd'hui, un peu d'eau forte toute chaude. M. Sylvain, médecin, qui se trouvait là, m'arrosa sur-le-champ l'œil d'ammoniaque, ce qui m'ôta immédiatement la plus vive douleur que j'aie éprouvée depuis longtemps ; puis je me lavai l'œil avec de l'eau fraîche et il redevint aussi bien portant que l'autre, je pensai tout de suite à mes habits que je couvris d'ammoniaque aussi, en sorte qu'il n'y aura que très-peu de dégât ; il n'y en aurait point du tout, si je n'avais pas été un peu troublé et si je n'avais pas pensé d'abord seulement à mon œil. Je n'ai absolument qu'une brûlure sur deux doigts de la main gauche, qui sera passée demain. Je t'assure que dans tout cela il n'y a aucune raison de t'inquiéter, que mes habits ne seront pas gâtés et que je ne me sentirai plus du tout de cet accident quand j'irai te retrouver dans huit jours. Ma Julie, c'est dans huit jours que j'espère partir. Dimanche à cinq heures du soir, je t'embrasserai, je baiserai le petit. Sais-tu qu'il y a eu hier trois ans que tu as fait mon bonheur ! Que ces trois ans se sont vite écoulés ! Que tu as éprouvé de peine dont je suis cause, tandis que tu m'as comblé de joie ; et pour compléter mes sottises, je me suis fait sauter de l'eau forte dans l'œil, malgré toutes tes exhortations de prudence ! Pardonne-moi, ma Julie, c'est la dernière fois que je te ferai du chagrin. Oh ! oui, je te le promets en commençant notre quatrième année de mariage [1].

1. 6 août 1802.

Notre fils aura deux ans jeudi. Je te remercie
de me l'avoir donné !

« A. AMPÈRE. »

L'accident dont André raconte les détails
pouvait être bien grave pour lui ; mais comme
sa personnalité s'efface dans ce récit, malgré
l'horrible douleur qu'il a ressentie à l'œil, et
quelle sollicitude s'étend vite sur son habit, à
l'idée que sa ménagère va s'inquiéter encore de
tant de désastres chimiques. Quelle simple et
honnête nature !

À cette lettre, point de réponse de la pauvre
malade qui vient de passer une détestable
nuit.

« J'arrache la plume des mains de ta Julie,
dit Élise à son beau-frère, elle est trop fatiguée pour t'écrire. Ne sais-tu donc pas combien les émotions de tout genre lui font mal ?
Annonce au moins ton retour deux jours d'a-
vance, afin d'éviter les surprises.

« Qu'as-tu dit là de tes expériences ? »

Ici la feuille est déchirée, on devine ce qui
va suivre.

D'ANDRÉ A JULIE.

« Bourg, jeudi 12 août.

« Il faut que je te rappelle que celui qui t'aime
a encore trois jours à rester loin de toi. trois
jours sont bien longs!

« Au lieu de la lettre que j'espérais, en voici
une autre de ma bonne sœur Élise qui cherche
à me rassurer sur le tourment que ton silence
pourrait me causer. Mais elle me prêche tant
sur la nécessité de cacher à ceux qu'on aime
tout ce qui pourrait les inquiéter, que je ne
sais si je puis me fier à ce qu'Élise me dit de
ta santé. Si je t'ai raconté mon accident, c'est
en te disant bien qu'il ne me restait plus qu'une
petite brûlure à la main gauche ; cela aurait-il
pu t'agiter ? Je suis à ton sujet dans une appré-
hension continuelle ; je n'ose compter sur personne pour me dire toute la vérité. et je ne me
sens ainsi jamais tranquille quand on me rassure.

« C'est aujourd'hui qu'est né le petit lien qui
serre nos deux vies l'une contre l'autre ; dis-
lui d'embrasser sa maman de la part de son

papa. Qu'un mot de ta main m'aurait été nécessaire! Si tu étais réellement plus malade! Ah !
que j'en veux à l'opinion d'Élise de cacher tout
à ceux qu'on aime; cette crainte va me tour-
menter jusqu'à dimanche.

« A. Ampère. »

Nous trouvons ici la date précise de l'anniversaire de J. J. Ampère. Il a deux ans le
12 août 1802.

Les vacances sont arrivées. André passe
deux mois entre sa femme et son fils presque
toujours à Saint-Germain ou à Polémieux,
quand il ne va pas donner des répétitions de
mathématiques à Lyon.

L'air de la campagne, la présence de son
mari semblent apporter quelque adoucissement
aux souffrances de Julie; mais les lycées ne
s'organisent point.

Une nouvelle séparation est encore imposée
à ces deux êtres qui vivent l'un pour l'autre et
dont la courageuse énergie se doublerait s'ils
étaient réunis.

Au mois de novembre 1802, le jeune professeur revient s'installer à Bourg pour la
seconde fois. La lettre qu'il adresse à sa femme,

en rentrant à l'école de l'Ain, commence
ainsi :

D'ANDRÉ A JULIE.

« De Bourg.

« Voilà bientôt trente-six heures que je t'ai
quittée.

« Je ne fis point mes adieux à Élise tout haut,
parce que je ne voulais pas que tu susses que
je partais tout de bon ; mais je lui disais tout
bas : Adieu, ma chère et bonne sœur, sois
heureuse en rendant heureuse ma Julie.

« M. de Bohan avait répandu le bruit dans la
ville que je ne reviendrais pas, étant sûr de
ma nomination au Lycée.

« Je n'ai pris qu'un repas et une couchée au
collége. Le vent avait cassé la fenêtre de ma
chambre en automne, la bise l'a achevée. Mes
papiers, mes livres étaient couverts de trois
doigts de neige ; j'ai secoué tout cela et rangé
de mon mieux.

« Chez M. Dupras on allume mon feu à six
heures ; je m'habille en me chauffant ; je n'aurai que mon blanchissage à payer, des étrennes

à la fille ; tout le reste de mon traitement ira à Lyon.

« J'avais pour déjeuner ce matin une jatte de café au lait où le sucre n'était pas épargné. Je suis logé et nourri en prince ; tout va le mieux du monde du côté de la vie physique ; mais mon âme jeûne bien ; je cherche inutilement des yeux mon amie et son fils. »

« Du lundi soir.

« J'ai donné à quatre heures ma première leçon ; il y avait peu de monde ; ceux qui suivaient mon cours l'an dernier n'ayant pas été avertis, je répéterai demain en abrégé ce que j'ait dit aujourd'hui. Au reste, que m'importe ! tout me devient indifférent, quand je pense que ma pauvre petite est malade, et qu'il faut non-seulement renoncer au bonheur de la voir ici un instant, mais encore à celui de penser qu'elle est tranquille et ne souffre pas. »

DE JULIE A ANDRÉ.

« De Lyon, mardi.

« Mon ami, tout le monde attend de tes nouvelles avec impatience et cela fait plaisir à ta femme. On a bu du vin blanc à ta santé. Ta mère est triste de ton départ et me charge de t'envoyer bien des tendresses.

« Ma sœur, ma cousine, ma tante vinrent dimanche ; mais comme elles semblèrent craindre la vaccine, je n'osai pas les retenir ; les bras de ton fils commencent à s'enflammer. Ce petit est toujours charmant ; il s'amuse à chanter *aussi bien que toi;* cela me fâche de voir qu'il ne saura pas suivre un air. Mais je lui passe de ressembler en cela à son père, pourvu qu'il ait un aussi bon cœur, qu'il sache aussi bien aimer, qu'il ne songe guère à lui et beaucoup aux autres. Il est vrai que tu penses plus à ta femme qu'à tout l'univers. Je voudrais que mon fils n'aimât pas la sienne si exclusivement ; car alors sa mère serait un peu négligée. N'oublie pas d'écrire à la tienne. »

« Mercredi.

« M. Philippe m'a reçue on ne peut plus honnêtement, en me répétant qu'il ne fallait pas te presser de le payer, qu'il attendrait sans se gêner. M. Coste m'a promis de m'envoyer demain un modèle de reçu. Je voudrais bien que ces deux mille trois cent cinquante livres fussent sorties de ses mains; qu'en ferons-nous? Si je pouvais placer mille écus et payer le loyer, je serais contente; mais comment faire? Je n'ai plus que sept louis et demi; je dois des souliers à toi, et d'autres articles qui vont au moins à quarante-huit livres ; de plus, je voudrais faire un cadeau à ta sœur d'une robe de Florence. Ménage bien tes nippes, pour n'en pas acheter d'autres.

« Je t'écris au milieu des enfants et de la conversation qui roule sur l'amitié. L'on prétend qu'il n'y a point de véritables amis; moi j'en ai un.

« Adieu, adieu, le bruit augmente, on parle des bossus maintenant; je barbouille, mais je t'embrasse bien fort.

« TA JULIE. »

Toute l'ambition de Julie serait de placer mille écus; comment y arriver, d'après le compte rendu des besoins que nous avons sous les yeux?

Cette somme de deux mille trois cent cinquante livres. provenant d'une dette payée par la mère d'André à son fils sur le domaine de

Polémieux, est absolument tout ce que le ménage possède en ce moment.

On a beau se répéter que l'argent valait en 1802 plus qu'en 1869, il est difficile de se faire illusion sur une situation si voisine de l'extrême gêne ; et pourtant Julie veut offrir un cadeau à sa belle-sœur, et elle écrit quelque part : « Ah! sans ma santé, nous serions trop heureux! »

D'ANDRÉ A JULIE.

« Bourg, lundi 29.

« Mon amie, c'est bien aujourd'hui la veille de ma fête, et j'ai reçu le plus charmant bouquet qu'on puisse imaginer. Que tu es bonne, ma tendre Julie, de m'envoyer une si aimable lettre, au lieu de me faire des reproches, comme les dames de ce pays-ci en font sans cesse à leurs maris de ce qu'ils ne les aiment pas assez !

« Tu me dis de me bien tenir dans la maison où je suis. Je ne vois pas pourquoi ils ne voudraient plus de moi : je donne au moins trois heures et demie par jour à leurs élèves ; après cela, trois leçons particulières de géométrie et de mathématiques ; enfin mon cours public de quatre à six heures, dont les préparatifs me prennent beaucoup de temps ; par-dessus tout, ce qui m'absorbe davantage, c'est la correction des copies de seize élèves d'arithmétique ; j'y perds toutes mes soirées. Si je puis mettre incessamment ces jeunes gens à l'algèbre, je les défie bien de me donner tant d'ouvrage à repasser.

« Je ne brûle pas du tout mes affaires, et ne fais de la chimie qu'avec ma culotte, mon habit gris et mon gilet de velours verdâtre.

« La sœur du grand mathématicien Prony est mariée à un monsieur de Bourg qui a suivi mon cours et m'a témoigné beaucoup d'amitié. Je lui avais demandé, avant d'aller à Lyon, une lettre de recommandation pour Prony ; la voici. Si M. de Jussieu apprend cela, ne lui semblera-t-il pas que je n'ai point regardé sa protection comme suffisante ?

« J'ai reçu sept louis du mois précédent, douze livres qui étaient restées en arrière de l'autre, et vingt-sept francs de la contribution des élèves de l'École centrale. Peut-être pourrai-je ajouter à cela l'argent de M. Blanchard qui me doit vingt et un francs. En ce cas tu recevrais neuf louis, car, pourvu qu'il me reste dix à douze livres pour parer aux besoins imprévus, c'est tout ce qu'il me faut.

« J'attends Noël comme les Juifs le Messie.

« Ma charmante, aime-moi, car je ne vis que pour cela ; baise bien le petit.

« A. AMPÈRE. »

En comptant les nombreux travaux qui remplissaient les journées d'André, on se demande comment le courageux jeune homme trouvait le temps de méditer ses découvertes, de rédiger ses manuscrits, de corriger ses épreuves et d'entretenir sa correspondance conjugale.

« Dix à douze livres pour parer aux besoins imprévus, c'est tout ce qu'il me faut, » dit-il. Quand il s'agit de faire la part de Julie, son cœur est aussi ingénieux mathématicien que son cerveau.

DE JULIE A ANDRÉ.

« Lyon.

« Mon ami, personne à Bourg ne sent comme toi ; tu es seul à penser à ceux qui t'aiment.

tandis qu'ici j'ai la consolation de trouver beaucoup d'amis qui regrettent et me parlent de mon mari.

« Me voilà chez maman, au Griffon. Je suis bien, mais tu n'y es pas, pouvons-nous rester longtemps ainsi !

« Notre enfant se porte bien, très-bien, c'est le plus grand de tous les bonheurs ; sans celui-là que ferions-nous des autres ? Je donne à ma mère trois louis par mois ; elle reçoit comme argent les provisions que je peux lui fournir ; elle a été porter à M. Petetin quatre louis, en lui disant que s'il n'acceptait pas, je serais mortifiée : « Eh bien, partageons pour « ne pas la fâcher, » a-t-il répondu ; j'admire sa délicatesse : deux louis ne sont rien pour lui ; il a fait plus de soixante-cinq visites.

« Le petit songe à toi ; on sent qu'il t'aime de toutes ses petites facultés. Hier, il rêvait à son papa, il l'avait vu, lui apportant une charrette avec des chevaux gris, et il pleura en s'éveillant de voir tout disparaître.

« Adieu,

« JULIE. »

Si le talent de M. Petetin nous a trouvé sévère, hâtons-nous de rendre justice à son désintéressement.

D'ANDRÉ A JULIE.

« De Bourg, dimanche.

« J'ai lu ce matin la loi d'organisation des lycées. Il y aura une classe de mathématiques transcendantes qui ne peut être bien faite par aucun de ceux que je sais devoir se présenter avec moi. Malheureusement elle sera mieux payée que les autres, et peut-être viendra-t-il des concurrents de Paris? Je repasse tant que je peux mes mathématiques transcendantes à l'aide des livres que j'ai achetés ici. J'y ai travaillé depuis six heures, mais ayant été à la messe à dix, les occupations se sont enfilées et je n'ai pu m'y remettre encore. Par une négligence impardonnable, j'ai oublié de faire partir une lettre écrite depuis huit jours que j'adressais à Polémieux. J'avais promis à maman bien des détails sur ma position ici; le temps m'a manqué; j'espère que tu auras suppléé à mon silence.

« Mon pauvre petit rêve donc que son papa lui fait de jolis cadeaux, tandis qu'il ne peut lui envoyer que des baisers. Donne-lui en beaucoup de ma part, je te les rendrai à Noël à tant d'intérêt que tu voudras.

« Mme Olivier, qui a dans la maison la surintendance du linge, a fait prendre le mien. C'est encore une bonne petite économie qui n'est point à dédaigner. Elle vient d'autant plus à point que je ne serai pas en avance d'argent, jusqu'à ce que je reçoive quelque chose du gouvernement qui ne se presse pas.

« AMPÈRE. »

DE JULIE A ANDRÉ.

« Lyon, vendredi.

« Il faut à présent me remuer, m'agiter, pour faire parvenir une lettre à Polémieux, que je demande depuis que tu es parti, et que monsieur l'affairé n'a pas pensé à envoyer plus tôt, ce qui, soit dit en passant, n'est pas excusable. Mais revenons ; vous écrivez à votre mère : « Je pense que Julie t'a donné des détails sur ma position, qu'elle t'a conté l'affaire de Guérin, etc., etc.; » et moi, mon cher monsieur, je sais que Julie avec sa patraque de personne, son déménagement, des occasions très-rares

pour Polémieux, un petit à garder, des commissions à faire, n'a pas un instant, et lorsqu'elle vous écrit, il faut bien que ce soit pour
vous qui êtes son mari qu'elle aime, pour en
trouver le temps. En vérité les jours sont trop
courts !

« Le port de ta lettre a coûté huit sous, celle
de M. Bencot douze. Je croyais que tu faisais
tout cela par distraction ; mais puisque tu y
penses, c'est bien ; autrement tu me ruinerais et
je me hâte de te dire que je ne veux pas être
ruinée. Tu m'as fait peur en avouant d'un air
indifférent que tu n'es pas trop bien en argent ;
n'as-tu pas déjà convoité de me reprendre celui
que tu m'as envoyé ? Je suis bien aise d'avoir
été assez rusée pour m'en douter, car je te dirai
toujours que je n'en ai plus, il faudra bien que
tu le croies, mais je m'amuse à bêtiser. Je suis
pressée de faire partir la lettre de ta mère en
y ajoutant quelque chose, afin qu'elle ne demeure pas persuadée, aussi bien que son fils,
que je passe ma vie à rire, à chanter, à penser à ma toilette et à être trouvée jolie dans les
brillantes sociétés où je vais, où je suis sans
cesse ; aussi je te quitte ce soir, tu le mérites
bien, en t'embrassant de tout mon cœur. »

« Samedi matin.

« Si tu devines aujourd'hui ce qui se passe dans mon cœur, tu y verras que je t'aime comme mon meilleur ami, comme celui de qui j'attends la plus grande moitié de mon bonheur, qui est le père de mon fils, celui que j'ai choisi volontairement pour mon compagnon de bonne ou mauvaise fortune.

« Adieu, ton petit répète qu'il faut te dire : « J'aime bien mon papa, s'il vous plaît. »

« Adieu,

« TA JULIE. »

D'ANDRÉ A JULIE.

« Bourg, mardi.

« Je te remercie de ta jolie lettre ; Mme de Sévigné n'en écrivit jamais de plus aimable, mais tu auras beau être rusée. je trouverai bien moyen de grapiller de quoi donner des étrennes au tiers et au quart. Quand j'irai recevoir les deux mille trois cent cinquante livres, je pourrai faire ferrer la mule tout à mon aise, et puis enfin il faudra bien qu'on me paye mes hono-

raires. J'ai déjà écorné mes douze francs pour
le port d'une lettre de Derion, qui te fera plaisir, la voici ; tu y verras que je serai nommé
du Lycée.

« Si tu savais combien mes concurrents sont
loin d'être ce que je pensais ! Que de choses j'ai
découvertes là-dessus en causant avec M. Clerc
de M. Roux, et en le sondant lui-même sans
qu'il se doute de mon but !

« A. Ampère. »

Notre amoureux mari va un peu loin, quand
il compare le style de sa femme à celui de
Mme de Sévigné ; mais il est vrai que le cœur
de Julie trouve parfois des accents d'une grâce
incomparable.

D'ANDRÉ A JULIE.

« Bourg, jeudi soir.

« Comment t'expliquer, ma Julie, le désagrément que j'ai éprouvé aujourd'hui ? Dieu sait
combien tu m'as répété de relire mon ouvrage ;
je n'ai jamais eu le temps. Eh bien, une faute
m'est échappée dans le calcul des pages dix-

huit et dix-neuf. Je reçois à l'instant une lettre de Lacroix et de Laplace; le premier me fait les remercîments de l'Institut; le second en post-scriptum, dans la lettre de Lacroix, fait l'éloge de mon travail, mais reprend sévèrement cette faute, avec des expressions qui me font craindre qu'il ne l'attribue à ma mauvaise manière de raisonner, plus qu'à une distraction.

« J'avoue que j'ai répété deux fois cette erreur parce que j'ai recopié un faux résultat sans le vérifier. En lisant ce post-scriptum, j'ai cru lire ma condamnation. J'ai vu ma place au Lycée et ma réputation perdues; mais je me rassure en comprenant que cette faute n'influant en rien sur le reste de l'ouvrage, je pourrai tout réparer en écrivant d'abord une lettre à M. Laplace, où je le remercierai de ce qu'il a examiné mon mémoire et corrigé mon erreur dont je conviendrai franchement, en m'excusant s'il est possible sur le peu de temps que j'ai eu pour composer et corriger cet ouvrage, imprimé à Lyon pendant que j'étais à Bourg, occupé d'un cours de physique; ensuite, quoi qu'il en puisse coûter, et malheureusement il ne m'en coûtera pas d'argent, MM. Périsse consentiront à réimprimer un carton, c'est-à-dire un feuillet qu'on substitue dans chaque exemplaire à celui qui contient l'erreur. Ma réputation, ma fortune en dépendent; si je ne puis pas montrer mon œuvre corrigée, on croira partout qu'elle n'a pas le sens commun, et cela pour une seule étourderie, puisque cette erreur se trouve rectifiée plus loin dans la solution du problème qui suit celui où je l'ai commise; et M. Laplace, pour la découvrir, n'a eu qu'à rapprocher du passage erroné, celui où je donnais le véritable résultat.

« Que cette lettre va te faire de peine, ma charmante amie; mais pouvais-je te cacher tout cela? Comment sans toi réparer le mal? tu sens combien la célérité est nécessaire; il faudrait que je pusse envoyer des exemplaires corrigés à l'Institut, avant que MM. Delambre et Villars achevassent l'organisation du Lycée de Lyon. Je t'envoie la lettre que j'ai reçue ce matin; observe que Laplace a lu tout l'ouvrage et n'y a trouvé que cette erreur; il approuve tout le reste, ce qui laisse ma théorie entière.

« Ma Julie, je me console en pensant que je n'en suis pas moins l'objet de ton amitié, tu es si bonne d'en avoir encore pour ton sot mari.

« A. Ampère. »

« J'ai fait un compte de ma recette et de ma dépense qui ne diffère que de quatorze sols des douze livres qui me restaient; tu le trouveras dans cette lettre, car il m'a semblé que je devais en être tout glorieux. »

En dépit de sa mésaventure, André a raison d'être fier de l'exactitude de ses comptes; ses efforts en ce genre ne devaient pas être toujours couronnés du même succès.

En 1829, quand le grand mathématicien, atteint des premiers symptômes d'une maladie du larynx, voyageait sur la route d'Hyères où il allait chercher le repos et le soleil, assis au fond d'une calèche à côté de son fils qui l'accompagnait, il se chargeait volontiers de payer les postillons. Aux portes d'Avignon, dans ce pays déjà méridional, où le langage populaire se colore et s'accentue d'épithètes énergiques, André Ampère essayait laborieusement de régler ses frais de route. Mais d'un côté la distraction, de l'autre l'impatience embrouillaient incessamment toutes ses additions.

L'affaire s'arrange enfin au gré de l'Avigno-
nais, qui reçoit son pourboire et dit d'un air
de superbe dédain : « En v'là un *mâtin*, qui
n'est pas malin ! Où celui-là a-t-il appris à *car-
culer !* »

Tout entier à l'admiration que m'inspirait le
génie de mon père, disait notre ami en rappe-
lant ses souvenirs, je l'écoutais parler sur la
classification des connaissances humaines, quand
cet incident vint nous interrompre.

DE JULIE A ANDRÉ.

« Lyon.

« Ayant été fatiguée de douleurs de poitrine,
j'ai envoyé chercher M. Petetin, qui m'a or-
donné de garder le lit. D'après cela, je ne
suis pas très-forte pour supporter les mau-
vaises nouvelles. J'ai donné ta lettre à mes
cousins, je ne doute pas qu'ils ne se prêtent à
ce qu'il faut refaire. Mais j'ai peur que cela ne
soit terminé beaucoup trop tard. Je remets
tout entre les mains de la Providence, car la
maladie ne vous rend propre à rien. Le docteur
assure que je n'ai qu'un rhume, qu'il doit être
soigné pour qu'il ne tourne pas en fluxion de

poitrine. Il me fait prendre des cloportes et de la racine de persil dans de l'eau de poulet.

« Ce premier germinal me sera plus salutaire que tous les remèdes si tu es nommé au Lycée.

« Ballanche n'est pas venu, peut-être savait-il quelque chose des examinateurs. Ne sois pas inquiet; étudie tes mathématiques sans trouble.

« Adieu.

« TA JULIE. »

D'ANDRÉ A JULIE.

« Bourg, vendredi.

« Quel poids me laisse sur le cœur le court séjour que j'ai fait à Lyon ! que je te vois peu heureuse ! Il faut que tu gardes toutes tes pensées, tes peines pour toi. Pendant quelque temps j'ai été celui qui t'inspirait le plus de confiance ; en est-il toujours ainsi ? Ma Julie, pour me retrouver possesseur de ton âme tout entière, rien ne me coûterait au monde; je te promets de devenir plus vertueux, afin que tu m'aimes davantage. Toutes mes leçons ont déjà repris leur train; si j'ai gagné de doux souvenirs, j'ai perdu l'espérance d'aller te voir bientôt. »

« Samedi soir.

« Je suis allé aujourd'hui solliciter le préfet
d'accorder des fonds pour le cours. En faisant
le compte avec M. l'Écuyer, j'ai trouvé que les
cent francs alloués au commencement étaient
mangés et au delà, en sorte qu'il faut encore
en obtenir cent pour pouvoir continuer les expériences. J'espère que le préfet les donnera, sinon je serais bien fâché d'avoir acheté tant de
verreries. Si les élèves étaient obligés de fournir cet argent, ils auraient raison de croire que
je n'ai pas assez ménagé leur bourse. J'espère
recevoir des fonds demain, quoique le préfet,
au lieu de m'en promettre, se soit amusé à me
plaisanter en me disant qu'il en délibérerait
avec sa femme.

« En attendant, je ne ferai point d'expériences ;
mais seulement des raisonnements à mon cours
de physique.

« Les leçons d'algèbre me paraissent bien plus
agréables que celles de chimie, et j'espère n'en
pas professer d'autres à la suppression des
écoles centrales. A mesure que la chimie perd
pour moi le charme de la nouveauté, je sens
mieux que cette science est réellement fatigante

pour celui qui veut l'enseigner comme il faut. Les dépenses dont on a le souci, la préparation des expériences, et le chagrin qu'on a de temps en temps de les voir manquer, tout cela en dégoûte un peu.

« La nouvelle que tu m'as donnée de la petite Jenny Carron m'a fait du chagrin. Tu sais ce que nous disions sur la possibilité qu'elle fît un jour le bonheur de Jean-Jacques. Il me semble que ce malheur, s'il arrivait, serait comme un triste présage, et que ce pauvre enfant serait destiné à perdre celle qu'il aimera avant d'être heureux. Ah ! que Dieu l'en préserve ! »

« Lundi.

« J'ai reçu ce matin les cent francs du préfet. Ce qu'il y avait de préoccupant, c'est que sans cet argent, il fallait me décider à faire de nouvelles avances ou bien à cesser le cours.

« Mais voici bien une autre nouvelle : on dit que les examinateurs de Moulins arrivent à Lyon. Tu sens de quelle importance ceci est pour moi ; si cet *on dit* est vrai, je partirai incessamment pour leur être présenté, et il faut t'attendre de jour en jour à me voir arriver. Quel bonheur ! je passerai peut-être la semaine prochaine auprès de ma bienfaitrice.

« On ajoute que M. Roux sera proviseur ; encore une heureuse chance !

« Je t'embrasse tout en joie.

« A. AMPÈRE. »

La plaisanterie de M. le préfet me semble d'assez mauvais goût, il s'amuse un instant de l'importance naïve que le jeune professeur attache au succès de sa modeste requête, sans savoir deviner que sous ce timide empressement, sous la gaucherie du solliciteur se cache un intérêt d'un ordre supérieur, l'attrait scientifique de ses expériences à poursuivre, et l'instruction de ses élèves.

Le premier fonctionnaire de la ville de Bourg aurait été plus excusable, s'il n'avait pu retenir un sourire en lisant comme nous les réflexions d'André au sujet du mariage de J. Jacques, alors âgé de deux ans et demi.

DE JULIE A ANDRÉ.

« Lyon, jeudi.

« Mon ami, Marsil a fait partir dix de tes feuilles avec autant de lettres pour les différents libraires de Paris.

« Ballanche n'est pas venu, peut-être savait-il quelque chose des examinateurs ! Parle-moi aussi des espérances de M. Clerc.

« Ta dernière lettre m'a fait sentir tout le plaisir qu'on éprouve en lisant dans un cœur qui vous aime. Il n'y a plus qu'à toi au contraire que je dise tout ; je n'aurais point non plus de secrets pour maman ; mais trop de choses seraient un sujet de peine pour elle.

« Élise est bonne, excellente, malheureusement me croit au-dessous d'elle par le sentiment, cela gâte un peu notre intimité. Mon ami, nous sommes faits l'un pour l'autre ; si je me portais bien, nous serions trop heureux !

« Tu crois m'avoir envoyé trente-huit louis depuis les vacances ; j'ai tout compté, tu m'as donné cinquante quatre louis et seize francs.

« Je ne m'attendais pas à te voir si bien payé. Que je dépenserais ton argent de bon cœur, pour que tu puisses avoir une femme comme une autre, qui jouisse avec toi et son enfant de tant de petits plaisirs qu'une mauvaise santé empoisonne. Oh! oui, c'est bien triste d'être toujours un objet d'inquiétude pour les miens, pour toi, mon pauvre ami, qui me vois souffrante, ennuyée, parfois injuste; Dieu le veut, il faut se soumettre. Oui, j'aurais été trop heureuse s'il m'avait laissé des forces, un bon mari, un enfant charmant, la meilleure des mères, aimée, chérie de toute une famille; n'est-ce pas que c'était trop de bonheur? je le sens, car, malgré mon état, je suis plus attachée à la vie que jamais : c'est parce que je t'aime davantage et mon petit aussi, et que je suis sûre que tous deux vous avez besoin de moi pour être heureux! Mais changeons de sujet; celui-là m'attendrit; tu sentiras comme moi ton cœur se serrer en me lisant.

« N'oublie pas de remercier Dégérando ; sa lettre aux examinateurs était celle d'un ami.

« TA JULIE. »

D'ANDRÉ A JULIE.

« Bourg, dimanche.

« Ma charmante amie, j'ai reçu ta lettre ce matin avec celle de Marsil ; quelle complaisance de sa part ! tout va bien cette fois ; c'est un grand bonheur que j'aie corrigé ces quatre pages qui étaient la partie la plus négligée de l'ouvrage, quoiqu'une des plus importantes ; ce sera maintenant la plus soignée.

« Mais que je suis inquiet de ta situation ! Il faut être cloué comme je le suis ici, par l'attente de ces commissaires, pour ne pas aller te voir au moins un seul jour. Ma pauvre Julie, ma bienfaitrice, je me reproche de t'avoir écrit des choses qui t'ont préoccupée. Grâce à MM. Périsse, ma sottise n'aura point de suites funestes ; peut-être qu'au contraire, tout cela engagera-t-il M. Laplace à faire plus d'attention à moi.

« Je voudrais être aussi sûr que ta santé sera parfaitement rétablie au premier germinal que je suis certain d'être nommé au Lycée de Lyon. En attendant, j'ai commencé un nouveau travail ; car c'est le moment d'étudier, quand je suis loin de toi. Ne me servirait-il jamais de rien, j'aurai toujours gagné les connaissances acquises en le préparant.

« Que ta lettre m'a attendri ! ma pauvre petite, ton mari et ton fils te font aimer la vie; tu sais bien que tu es tout pour eux.

« Le beau temps m'inspire la tentation de me procurer un grand bonheur. Qui m'empêcherait d'aller dimanche à Lyon, pour revenir mercredi, si je ne faisais sauter à mes élèves que les deux leçons des jours gras pendant lesquels on n'étudie guère? Les examinateurs, j'espère, ne viendront pas juste dans ce moment; mais ce projet dépend de tant de circonstances qu'à peine osé-je m'en flatter.

« Ah ! que tes lettres me sont précieuses! quand viendra l'heureux temps où je n'en aurai plus besoin !

« Je me sens le cœur serré d'une tristesse qui a du moins cela de bon qu'elle me dispose à la dévotion. Je pense, depuis que je t'ai quittée, à ce que tu attends de moi; tu ne sais pas combien cela, dans la position où se trouve mon esprit, exige de réflexions.

« Je suis, au reste, bien déterminé à le faire; mais qu'il m'en coûte de ne pouvoir te communiquer toutes mes pensées! Ce n'est pas un sujet à traiter par lettres. »

« Lundi soir.

« Tu me dis de réfléchir, je ne le fais que trop ; mon esprit n'est plus libre du tout, à peine puis-je travailler.

« Je regarde cette démarche comme des plus importantes. Puis-je la faire au hasard, pour vivre ensuite comme si je ne l'avais pas faite? Je me repens pour ta tranquillité de t'en avoir parlé sitôt. Si j'étais sûr que tu m'aimeras un jour comme autrefois, je serais tranquille, et je saurais, du moins, travailler à mon aise.

« Tu conviendras que ce serait bien bête pour une fois de donner ma confiance à quelqu'un que je ne reverrai jamais, surtout lorsque je ne rencontre personne qui m'en inspire.

« Retrouverai-je dans ma vie des baisers sur tes lèvres comme ceux que tu me donnas à mon arrivée à Lyon? Tu vas me prendre pour un fou de changer ainsi d'idées ; mais ma plume obéit à mon esprit tourmenté d'agitation ; ma Julie, ma Julie, penses-tu à moi à présent?

« Je suis résolu à faire ce que tu désires ;

mais décidément cela ne se peut que quand je serai à Lyon.

« ANDRÉ AMPÈRE. »

DE JULIE A ANDRÉ.

« Lyon, mardi.

« Tu me dis, mon ami, que tu te disposes à faire ce que j'espère de toi. Si mes prières sont exaucées, cela te causera autant de plaisir que j'en éprouverai moi-même à te retrouver comme je t'ai toujours connu. Tu as peur, ajoutes-tu, que je ne doute de ta tendresse. J'ai un sentiment intérieur qui m'assure que ta Julie te sera toujours chère, que rien ne pourra jamais te faire oublier les moments que tu regardais comme le comble de la félicité ; je parle de ceux où, réunis par la confiance, nous lisions dans le cœur l'un de l'autre. Oui, mon ami, ce sont là les courts instants de mon bonheur ; je les partageais avec toi et je les sentais peut-être encore plus délicieusement. Pourquoi s'imaginer qu'ils ne reviendront plus ? Il est vrai que les discussions sur différents sujets, la difficulté de te persuader de ce que je pense, tout cela absorbe le temps et l'esprit, et empêche les communications intimes. Mais, mon bon ami, nous ne serons pas toujours, j'espère, dans une position si difficile ; ton esprit sera moins agité aussi ; tu deviendras raisonnable *solidement* en prenant des années et en voyant grandir ton enfant, à qui tu devras l'exemple et qui te demandera compte de tes opinions. Pour les lui expliquer clairement, il faudra bien en être convaincu toi-même ; je vois tout cela dans l'avenir. Je me vois paisible au milieu de vous deux que je regarde comme mes fils, car les maux m'ont vieillie et m'ont laissé le loisir de faire des réflexions qui ont mûri ma raison. Ainsi, quoique nos âges se rapprochent, crois bien que ta femme a dix ans de plus que toi ; cela peut être pris dans tous les sens, car la fraîcheur, l'activité, la gaieté, les grâces de la jeunesse, tout est disparu ; mon cœur est le même, il t'aimera toujours, et cela te suffit, n'est-ce pas, mon bon André ; je t'embrasse à cette pensée, et tu me réponds de même.

« Je sens que nous sommes d'accord.

« Je fus hier à notre paroisse, c'est-à-dire à l'église, où nous parûmes devant la municipalité. Je n'y avais pas été depuis, et cela me rappela bien des choses. Je demandai à Dieu

que nous soyons toujours réunis comme nous
l'avons été jusqu'à ce jour.

« Ta Julie. »

D'ANDRÉ A JULIE.

« Bourg, dimanche.

« Combien la lettre que je viens de recevoir
était nécessaire à mon repos ! Ils reviendront ces
moments délicieux que tu peins si bien. Tout ce
que tu me dis relativement à la manière d'é-
lever mon fils est vrai, mais j'ai le temps de
mettre en ordre ma tête d'ici là, et sûrement je
n'attendrai pas le moment où j'aurai des in-
structions à lui donner sur ce sujet, pour les
suivre moi-même.

« Pourquoi dis-tu, ma Julie, que ta jeunesse
est passée? Est-ce qu'elle ne t'embellit pas de
tout ce qu'elle a d'agréments! Il ne te manque
qu'une santé moins languissante, et j'espère que
ce printemps te la rendra, surtout si nous pouvons être ensemble à la campagne; c'était le
doux rêve que je faisais déjà l'année dernière
pour les vacances; c'est celui que je caresse à
présent pour le mois prochain.

« Serais-je trompé encore? S'il en était ainsi,

tu irais seule et loin de moi ; je me consolerais en pensant que tu y respires un bon air et que tu n'as pu revoir ni le petit verger, ni le bosquet du jardin d'en haut, ni l'amandier où tu m'as pleuré, ni tant d'autres endroits peuplés de souvenirs, à Saint-Germain ou à Polémieux, sans songer à ton ami. Tu m'aimeras toujours ; voilà la ligne de ta lettre qui m'a tranquillisé, après m'avoir arraché de douces larmes. »

« Lundi soir.

« Je te prie de m'envoyer mon pantalon neuf, pour que je puisse paraître devant MM. Delambre et Villars. Je ne sais comment faire : ma jolie culotte sent encore la térébenthine, et ayant voulu mettre mon pantalon aujourd'hui pour aller à la Société d'émulation, j'ai vu le trou, que Barrat croyait avoir raccommodé, devenir plus grand qu'il n'avait jamais été, et découvrir la pièce d'une autre étoffe qu'il a mise dessous. Tu vas craindre que je ne gâte mon beau pantalon ; mais je te promets de te le renvoyer aussi propre que je l'aurai reçu. J'ai touché ce matin sept louis du gouvernement. Comme j'ai dépensé presque tout ce qui me restait en affranchissement de paquets, j'en garde un pour moi, sur lequel je te renvoie sept livres dix sols pour les livres.

« Ce matin, à la Société d'émulation, on préparait une séance brillante pour les inspecteurs. M. le préfet m'a demandé deux fois si je n'aurais rien à lire sur les mathématiques.

« Il m'est venu de bonnes idées sur lesquelles je vais travailler vigoureusement.

« A. AMPÈRE. »

Encore un nouveau travail commencé à l'intention de MM. Delambre et Villars. Il sera intitulé : *Mémoire sur l'application des formules du calcul des variations à la mécanique.*

D'ANDRÉ A JULIE.

« Bourg, Pâques.

« Qu'il est triste, ma Julie, que ta santé ne te permette pas d'aller à Polémieux dans les plus beaux moments de l'année! Quand j'ai mal à la tête à force de m'être fatigué à retourner de vingt façons des idées désespérantes, je vais faire un tour avec une de tes lettres. Je suis tout de suite dans la campagne où je respire

un air si doux! Les buissons se couvrent de
fleurs, les prés et les chemins d'un vert si frais!
J'ai passé entre deux haies embaumées de
fleurs de mahabel, que j'aurais voulu que tu
pusses respirer aussi.

« Avoue que le gouvernement avait bien eu
raison de donner un peu de bon temps aux
pauvres professeurs dans ce joli mois, et qu'ils
ont été bien dupes de s'engager à rester sur une
vaine espérance.

« M. Luc ne continuera son cours d'histoire
naturelle que jusqu'à la fin d'avril; cela me fait
plaisir; il me semble qu'en s'en allant, il me
rendra la liberté.

« J'ai composé des morceaux détachés pour
mon ouvrage; mais ils ne sont pas encore mis
en place, le plan tout entier en est tracé.

« Toutes mes pensées sont absorbées dans
ces calculs, mais l'amour pour Julie ne quitte
pas mon cœur.

« Je t'envoie six louis par Pochon; j'en garde
un, parce que je ne sais si je n'en aurai pas
besoin; les neuf francs que j'avais devant moi
sont déjà bien diminués.

« Voici enfin le livre de Ballanche; il doit
être bien en colère contre moi de l'avoir apporté

ici et gardé si longtemps. Je vous conseille cependant, à toi et à Élise, de ne pas le rendre
que vous ne l'ayez lu, surtout s'il ne faut que
deux ou trois jours pour cela.

« A. Ampère. »

DE JULIE A ANDRÉ.

« Lyon.

« Mon ami, pendant ces fêtes, qu'as-tu fait
loin de moi? Sans doute tu as travaillé à tes
mathématiques, ou bien à ranger ton cabinet,
pour être prêt à revenir si ta nomination arrivait. Mais plus je l'attends, plus je crains; je
donnerais quelque chose de bon pour que tu
l'eusses en portefeuille. A propos de portefeuille, n'oublie pas à Bourg ton congé définitif, ni les autres papiers dans ce genre. Ils sont
bien précieux, puisqu'ils assurent notre tranquillité. J'ai fait porter l'autre jour ta lettre à
Derion; je ne l'avais pas ouverte, et j'en ai été
fâchée; car peut-être fallait-il y joindre un
exemplaire de ton ouvrage, qu'on ne doit point
épargner, puisqu'il ne s'en vend pas.

« J'ai vu M. Coupier tout frais émoulu de

Claizerolle; il savait à peine la suppression des écoles centrales.

« Mes forces reviennent doucement; je suis cependant un peu plus courageuse, je monte sans être aussi oppressée; mes jambes sont moins tremblantes.

« Malheureusement, je ne puis pas encore aller à la campagne; tu seras peut-être ici pour faire avec moi ce voyage tant désiré!

« Voici la balle de tout ce qu'il te faut pour être bien mis. Je te prie de ne pas découdre les doublures des manches de ton habit; aie soin de tenir tes cravates propres, d'être bien chaussé, prends garde à tes pantalons, à ton gilet, à tes bas.

« Adieu, mon fils, je suis fatiguée et je t'aime.

« TA JULIE. »

D'ANDRÉ A JULIE.

« Bourg.

« Mon amie,

« Depuis samedi, je n'ai pas eu un instant de liberté. Je vais te raconter tout ce qui s'est passé. MM. Delambre et Villars arrivèrent samedi à quatre heures. M. Clerc vint m'avertir que tous les professeurs iraient en corps à six heures. Nous n'y arrivâmes qu'à sept, et les voyant prêts à se mettre à table, nous ne nous assîmes seulement pas. Je reçus quelques honnêtetés de plus, ainsi que M. Clerc; M. Villars me suivit pour me prendre la main. Dimanche, j'écrivis la suite de mon mémoire, et je fus ranger le cabinet et le laboratoire. Ils dirent à MM. Dupras et Olivier qu'ils visiteraient leur pension le lendemain lundi; l'examen des élèves a eu lieu hier et aujourd'hui.

« Je fus faire une seconde visite à ces messieurs, lundi matin, à neuf heures; j'en sortis à dix; je reçus un accueil très-distingué. L'un d'eux me dit que s'il y avait des machines au cabinet de Bourg qui pussent m'être utiles au Lycée de Lyon, il fallait que j'en donnasse la liste.

« Mes élèves n'ont pas mal répondu sur les mathématiques, mais ils avaient trop peu de leçons pour être forts; ils l'ont été extrèmement sur tout le reste. Les inspecteurs enchantés, après l'avoir témoigné de mille manières, ont fini par dire à MM. Dupras et Olivier qu'ils n'avaient point encore trouvé une pension qui valût la leur.

« J'ai causé aujourd'hui une bonne demi-heure avec M. Delambre, à peu près autant avec M. Villars; juge comme je suis content de me voir sûr du lycée.

« Mon ouvrage ne se vend pas, nous le savions bien d'avance; ceux qui sont en état de le comprendre sont trop savants pour croire que je puisse leur apprendre quelque chose, en sorte que les uns voient l'ouvrage trop au-dessus d'eux, les autres trouvent l'auteur trop au-dessous, et personne ne l'achète.

« Je suis inquiet; M. Petetin m'avait dit qu'il ne doutait pas que ta douleur ne se dissipât bientôt. Consulte-le de nouveau. C'est de mardi en quinze le 1er germinal. Cette époque si attendue me ramènera-t-elle auprès de toi? te verrai-je guérie?

« Rien de nouveau à l'égard de la fermeture des écoles centrales. Personne ne doute ici que les cours n'y finissent le 1er germinal. Si je suis nommé au lycée, je serai bien aise d'avoir du temps devant moi pour repasser l'astronomie et les autres parties que je devrai enseigner en sortant d'ici.

« Le bonheur d'être auprès de toi vaut mieux qu'un traitement.

« A. AMPÈRE. »

D'ANDRÉ A JULIE.

« De Bourg, samedi.

« M. Delambre, qui a fait sa visite au collége avec M. Villars, m'a dit : « Tout ce que « je vois de vous confirme l'idée que j'en avais « conçue. Je vais à Paris porter la liste de mes « observations sur ceux qui se présentent. Votre « place est à Lyon. Le gouvernement n'a rien « changé encore à tout ce que j'ai fait; certai- « nement il ne commencera pas à propos de « vous; d'ailleurs je serai là et j'y veillerai. »

« Ce que dit M. Delambre ne varie plus; ma nomination n'est donc pas susceptible du moindre doute.

« Resterai-je à Bourg pour gagner soixante francs par mois et sans savoir si ces MM Du- pras et Olivier se soucient de m'y retenir? Ils m'avaient pris pour donner des leçons jusqu'à l'examen qui vient d'avoir lieu; qu'est-ce que ma présence leur rapporterait à présent? C'est bien toujours la même amitié. les mêmes égards;

mais faut-il attendre, pour me retirer, qu'ils aient réellement envie que je m'en aille? ne vaut-il pas mieux prévenir ce moment?

« Il faut nécessairement que je retourne à Lyon, que j'y termine l'ouvrage que j'ai promis à **M.** Delambre. Je me passerai de revenu pendant deux ou trois mois, mais il me reste trois cent trente-six livres à recevoir; nous vivrons là-dessus jusqu'au lycée. Ces messieurs m'ont dit que ma place me rendrait plus de cent louis dès la première année, et bien davantage ensuite, sans compter le logement.

« Pendant deux mois je ne gagnerai donc rien; car, loin de chercher à prendre des élèves, il ne faudra songer qu'à préparer mon cours, et travailler à me faire une réputation qui m'assure un jour une fortune brillante. **M.** Delambre a commencé par être précepteur dans des maisons particulières. Il va quitter l'inspection générale de l'instruction publique, et il lui restera quatorze mille livres de rente pour les places qu'il occupe.

« A. Ampère. »

DE JULIE A ANDRÉ.

« De Lyon.

« Cher ami, je trouve à la fin de ta lettre un projet qui est pour moi la cause de bien des réflexions.

« Sans doute tes espérances du lycée me paraissent très-fondées; mais tu n'y es pas encore! Tu sais si je désire notre réunion au 1er germinal; mais il faut toujours consulter la raison avant son plaisir.

« Si le lycée tarde quelque mois à s'établir, que feras-tu ici? car il n'y a pas possibilité de donner des leçons au Griffon, à moins que nous ne partions toutes, et pas plus ma santé que le temps ne me permettent d'aller à Saint-Germain avant la fin d'avril.

« Tu penses que tu pourrais attendre le lycée à la campagne. Ce n'est pas sage, car si un autre que toi était nommé, quelle pauvre mine aurais-tu de sortir de là pour venir picorer des élèves !

« Combien de choses ignorerais-tu, lors même que tu viendrais souvent à Lyon! Tu vois que je trouve plus d'un motif pour te conseiller d'agir comme les autres professeurs.

« Nous n'entrons dans notre appartement qu'à la Saint-Jean. Le lycée s'établira d'ici là, et si tu n'es pas nommé tu seras tout de suite en mesure de donner des leçons sans avoir un air errant. Et puis, nous aurons bien besoin de l'argent que tu peux gagner; en nous mettant dans notre ménage, que de dépenses à faire! Tu as là-bas au moins soixante francs par mois, chez M. Dupras. Mon ami, ce n'est pas l'intérêt qui me domine, mais la *nécessité*. Voilà, mon pauvre André, toutes mes réflexions; maintenant, je serai toujours contente de ta détermination; mais pensons plus au petit qu'à nous-mêmes.

« Que je serais heureuse de te voir, ne fût-ce que deux ou trois jours! J'aurai la force de supporter le plaisir et la peine, je ne te répète pas combien j'en aurais, s'il fallait que le 1ᵉʳ germinal passât comme un autre jour! Tu sais combien je l'attendais; t'en parler, c'est augmenter tes regrets. Adieu, mon bien bon Ampère; si tu restes, ce sera encore un sacrifice à ajouter à tant d'autres; tu me fais tous ceux qui te coûtent le plus; aussi, mon cœur les ap-

précie et te chérit bien fort. Adieu, mon fils,
mon ami.

« TA JULIE. »

Bon André! il se meurt d'impatience et d'inquiétude à Bourg; se croyant sûr du lycée, il
veut tout quitter pour arriver à Lyon; auprès de
Julie, la fortune, la réputation, lui semblent
faciles à acquérir; les obstacles disparaissent
pour lui; il fait un dernier rêve d'avenir heureux, tandis que sa femme perd ses forces de
jour en jour, mais garde son courage et s'impose encore un sacrifice que commande la raison. Elle arrête l'élan si naturel et si vif de
son mari; et, avec ce sens droit qui l'a faite
souvent stoïque et cette tendresse qui lui rend
familiers tous les dévouements : « Tu crois,
dit-elle, que tu pourrais attendre le lycée à
la campagne, ce n'est pas *sage;* pensons plus
au petit qu'à nous-mêmes. »

Et la pauvre créature défaillante, qui plus
que jamais aurait besoin de la présence et de
l'appui d'Ampère, se refuse une pareille consolation pour obéir à la prudence maternelle,
pour ne point exposer la situation morale du

jeune professeur à perdre un peu de la considération dont elle veut le voir entouré.

D'ANDRÉ A JULIE.

« De Bourg, mercredi.

« Que j'ai pleuré, ma Julie, en lisant ta dernière lettre! Il faut que je sois le plus méchant des hommes; que puis-je faire pour réparer ma faute ?

« Je n'avais plus ma tête en te répondant ce jour-là, ivre des succès que j'avais obtenus. Tu te disais inquiète de ce que je ferais pendant les trois mois qui restent jusqu'au 1er messidor ; tu ajoutais qu'il faudrait peut-être vivre tout ce temps loin de toi. Cette idée me troubla l'esprit.

« Quant au lycée, il est certain que j'y serai. M. Delambre, parlant le lendemain de la séance de la Société d'émulation où j'avais lu mon mémoire, dit que Laplace ni Lagrange ne le désavoueraient pas.

« J'ai fait ce matin une nouvelle découverte, supérieure à celles que j'avais faites jusqu'à présent, oh! oui, bien au-dessus : si elle me conduisait au but que j'en attends. je serais immortalisé.

« Pardon, pardon encore; permets que je t'embrasse, malgré la sottise qui m'en rend indigne. »

DE JULIE A ANDRÉ.

« De Lyon, lundi.

« Parlons du lycée : tu y seras, mon tendre ami; M. de Jussieu a écrit à M. Bernard que ton ouvrage avait été goûté à Paris. Si ma lettre t'a chagriné, j'espère que tu ne m'en veux pas, et que ton séjour là-bas ne sera plus long.

« Que sais-tu de la fermeture des écoles?

« Qu'il vienne vite ce temps où nous serons réunis! Comme nous en profiterons bien!

« Comme nous saurons passer des soirées agréables à faire des petits jeux avec notre Ampère!

« J'ai dormi cette nuit; je suis plus en train et plus courageuse. En te parlant de ma santé, quel bonheur si je pouvais bientôt changer ma phrase ordinaire : « *Mon ami, toujours de* « *même.* »

« François Delorme a été arrêté comme

conscrit; toute sa famille est dans la désolation et le pauvre garçon vient de partir sans qu'on puisse avoir la permission de le faire remplacer.

« J'ai écrit, ne pouvant me remuer pour tâcher de lui être utile; mais jusqu'à présent cela n'a pas réussi.

« JULIE. »

François Delorme, au sort duquel Julie s'intéresse vivement, était un jeune serviteur de Mme Ampère la douairière. Françoise, sa fiancée, berçait et soignait alors le tout petit Jean-Jacques, quand on le menait à Polémieux.

Quarante-six ans plus tard, les époux Delorme, devenus vieux, vivaient encore sous le toit inhabité de la maison de leurs anciens maîtres. Notre ami, dont la charité ne négligeait rien, soulageait tant qu'il pouvait ces pauvres gens. A propos d'eux, nous retrouvons une lettre intéressante, adressée en 1848 à M. J.-J. Ampère, de l'Académie française, par M. *Bolo, notaire.*

« Simonest, près Lyon, le 22 juillet 1848.

« Monsieur,

« Je me suis empressé de me rendre à Polémieux, auprès des époux François Delorme.
Je leur ai donné lecture de votre lettre, et lorsque
je suis arrivé au paragraphe les concernant, ils
ont cru avoir retrouvé toutes les joies de leur
jeune âge. Cet éclair de bonheur passé, la pauvre
Françoise, devenue plus tranquille, m'a dit
tristement : « Écrivez à notre excellent maître
« que je prie le bon Dieu pour lui et que je lui
« demande de le revoir avant de mourir. Il ne
« faut pas qu'il tarde à venir visiter le nid de
« famille, car il n'y a plus que nous pour le
« recevoir. »

« En prononçant ces mots, elle essuyait avec
le coin de son tablier de grosses larmes qu'elle
ne pouvait retenir. Ces honnêtes gens habitent
un des bâtiments dépendants du manoir de vos
parents; c'est là que leur vie s'écoule. Ils ga-
gnent péniblement leur pain de chaque jour,
rudes labeurs, mêlés des plus beaux rêves,
lorsqu'ils se prennent à penser à vous.

« Quand vous aurez quelques rares moments

de liberté et de solitude, arrachez-vous aux
travaux de l'esprit; venez les passer dans ce
petit enclos qui fut votre berceau. Il a été gardé
précieusement dans son ancienne pauvreté
d'ombre, d'eau, de fleurs et de fruits; c'est
dans cette modeste enceinte, depuis longtemps
déserte, vidée par la mort, dans ces allées
bordées de pommiers et encadrées d'œillets
sauvages; sous ces vieux troncs épuisés de séve;
c'est sur ce sable mal ratissé que vous cherche-
rez encore du regard les pas de votre mère, de
votre père, des anciens amis, des vieux servi-
teurs de la famille. Vous irez vous asseoir sous
la petite tonnelle de pampres, où l'illustre André
Ampère aimait à se reposer, où votre sainte mère
murmurait à voix basse les prières que vous
avez apprises d'elle, dans votre toute petite enfance. Vous retrouverez encore dans ce foyer,
aujourd'hui éteint, les premières joies de l'homme
entrant dans la vie, ces premiers enthousiasmes
de la contemplation; parmi tant de ressouvenirs,
tout vous causera de l'émotion; dans l'intérieur
de l'habitation abandonnée, quelques meubles
d'alors, tels qu'un vieux tableau sur un pied
doré, une ancienne tapisserie.

« Vous vous arrêterez un instant contre la

clôture, en face de la maison qui s'ensevelit d'année en année sous le lierre, aux rayons du soleil couchant, au bourdonnement des ruches, vous verrez sur la vieille muraille courir des lézards que vous croirez reconnaître comme d'anciens hôtes du jardin, avec lesquels on pourrait encore s'entretenir d'autrefois.

« Puis François et la bonne Françoise seront là pour vous saisir les mains et les presser sur leurs cœurs!

« Procurez-moi, je vous prie, le bonheur de vous accompagner ce jour-là; je suis aussi un enfant de Polémieux, car je suis né sur une pente voisine de la montagne, à Saint-Rambert. dans l'isle Barbe. Tout le village est venu écouter la lecture de votre lettre; chacun vous remercie et vous bénit.

« Veuillez agréer, monsieur, l'hommage de mon admiration et de mon respect.

« Bolo, notaire. »

Cette lettre, retrouvée parmi tant d'autres presque à la fin de ce recueil, ajoute encore un touchant souvenir à ceux qui nous ont émus jusqu'ici.

Comme l'abandon, le silence et la mort poé-

tisent aujourd'hui l'humble domaine de Polémieux, si pauvre d'eau, d'ombrages et de
fleurs.

Il fut bien court et bien regretté, ce modeste
bonheur, dont nous avons ici le cadre sous les
yeux. En 1816, au milieu de sa brillante carrière, André écrivait à Ballanche : « Oh ! je
n'aurais jamais dû venir à Paris ! Pourquoi
ne suis-je pas resté toute ma vie professeur
de chimie à Bourg ou à Lyon? Je n'ai jamais
été heureux que pendant ce temps si court ;
là, avec elle, je serais devenu un grand
homme. Mais il n'est plus temps ! »

Ampère se trompait en écrivant cette dernière
ligne, car depuis quatre ans, il avait déjà mérité l'hommage que la postérité lui réservait !

En 1812, à l'Académie des sciences, comme
un législateur qui dote l'avenir d'une loi nouvelle, il prononçait ces remarquables paroles :

« Autant d'aiguilles aimantées que de lettres
de l'alphabet qui seraient mises en mouvement
par des conducteurs qu'on ferait communiquer
successivement avec la pile à l'aide de touches du
clavier, qu'on baisserait à volonté, pourraient
donner lieu à une correspondance télégra-

phique qui franchirait toutes les distances et serait plus prompte que l'écriture ou la parole pour transmettre les pensées. »

L'Académie comprit-elle bien dès lors le présent magnifique que cet homme de génie venait de faire à ses semblables?

Finissons les dernières lettres d'André et d'Élise, car c'en est fait, Julie ne pourra plus écrire.

De rigoureuses circonstances, un dévouement mutuel ont imposé trop longtemps à deux êtres qui s'appellent et se désirent sans cesse, la nécessité de vivre séparés.

Après quinze mois d'attente, ils touchent au but; leurs vœux ardents vont s'accomplir. Mais la Providence sévère ne voudra leur permettre qu'une réunion d'un jour, pour les adieux suprêmes.

D'ANDRÉ A JULIE.

« Bourg, vendredi.

« M. le préfet a prolongé l'École centrale d'une semaine pour attendre la réponse du ministre, qui doit décider si elle continuera jusqu'à l'ouverture du Lycée de Lyon. Si Fourcroy ne dit rien, ces huit jours seront perdus. Cependant, nous n'avons pas refusé dans la faible espérance d'une réponse favorable. Comme je voulais remettre moi-même mon mémoire à Delambre, j'ai demandé la permission de faire un petit voyage à Lyon; je serai près de toi samedi ou dimanche. J'ai su aujourd'hui que M. Delambre avait dit, à un dîner chez le préfet : « Vous allez perdre M. Ampère; c'est « un homme d'un mérite supérieur; il a envoyé « un mémoire à l'Institut, et l'avis unanime « des membres de la section de mathéma- « tiques est que cet ouvrage ne peut venir que « d'une tête forte. »

« Je te rapporte sans modestie, mot à mot, la phrase comme on me l'a rendue.

« Je suis sûr du lycée et mon succès doit te satisfaire. Je ne suis plus en peine de la fortune de mon fils, mais bien de la manière dont nous vivrons jusqu'à ce que je gagne davantage. Je sens combien il faut économiser l'argent, et encore plus mon temps, qui est ma seule res- source pour parvenir à une grande réputation. Tu regarderas tout cela comme des rêveries, mais je t'assure qu'il n'en est rien; tu verras si mes augures sont trompés.

« Ce n'est plus la réussite qui m'inquiète, c'est la santé de mon amie. Si je me décide à présenter mon manuscrit, par l'entremise de Ballanche, je serai privé de te voir, mais j'épargnerai 9 à 10 livres. Au reste, j'ai un louis intact en caisse, et il pourrait y avoir de l'avantage à remettre moi-même mon manuscrit; je suis bien indécis. »

« Du jeudi.

« Ne m'attends pas, mais j'espère toujours te voir avant mardi. »

L'École centrale ne se fermera pas avant huit jours. Cette prolongation est acceptée, cette fois, sans murmure par André. Malgré ses hésitations, il se décide à aller lui-même remettre son travail promptement achevé, sur l'*Application à la mécanique des formules des variations*, à M. Delambre, qui promet de présenter ce second mémoire à l'Institut.

De retour à Bourg, il écrit immédiatement :

D'ANDRÉ A JULIE.

« Ma Julie,

« Est-il possible que nous ayons été si peu ensemble pendant trois jours ! Je conserve pourtant un bien cher souvenir de tes douces confidences, de tes projets. Mais une pensée m'obsède : je t'ai vue pleurer la veille de mon départ. Qui me dira si tu as pu dormir cette nuit ? Élise, ma sœur, donne-moi des nouvelles de Julie ; sans cela, il n'y aura pour moi ni paix ni repos, même pendant ces derniers jours. »

« AMPÈRE. »

Nous voyons que l'inquiétude du pauvre mari est au comble. Élise prend la plume et lui adresse des bulletins dont sa vive imagination ne sait guère adoucir l'amertume.

D'ÉLISE A ANDRÉ.

« Lyon, lundi matin.

« Mon bon André,

« Je viens remplir ma promesse. Il me semble que je la trouve un peu plus forte qu'hier ; elle a dîné avec une laitance et une glace aux pêches qui lui a semblé délicieuse. Mais le mal est toujours là, il détruit sa santé, notre repos, et bien souvent nos espérances. Mon Dieu! quel bonheur si, parmi toutes les plantes dont tu connais les propriétés, il en était une seule qui pût remettre tout en ordre dans sa nature! A quoi bon la science, s'il n'y en a point qui puisse rendre la santé à Julie? Informe-toi, parle d'elle aux savants, aux ignorants; les simples ont souvent des remèdes simples comme eux, des lumières que Dieu leur distribue pour leur conservation. Mais surtout ne nomme pas Julie, car l'idée qu'on s'entretient de sa maladie la fatigue et lui est pénible. »

« Lundi soir.

« Julie paraissait assez disposée au sommeil. Pour son souper, elle a mangé un peu de blanc d'œuf et prendra son bouillon dans la nuit. M. Petetin est revenu, ordonne des riens, une infusion de camomille. Je l'ai poursuivi sur l'escalier pour lui demander s'il ne pensait pas qu'elle fût maintenant assez forte pour prendre des bains. Il m'a dit que non.

« Tu frappes du pied, j'en suis sûre, c'est ce

qui m'est arrivé en le quittant. Ce médecin-là perd peut-être un temps précieux pour administrer des remèdes, tandis que l'autre, **M. Petit**, n'en a que de trop violents pour elle. Où en trouver un, mon Dieu! qui la traite mieux? Je vais me coucher pour ne pas dormir, car j'ai un long chapelet d'idées noires à défiler, ah! pourquoi? Pourquoi ai-je poussé le sacrifice de moi-même jusqu'à conseiller le mariage à Julie? Je m'admirais alors en répandant des larmes, elles étaient pour moi le triomphe de la raison et c'était le sentiment seul qu'il fallait écouter.

« Sans elle, sans sa tendresse, comment pourrait-on vivre? Mais j'oublie que c'est à son mari, à celui qui l'aime tant, que je dis ces choses désolantes. Adieu, j'espère être moins lugubre demain.

« Mardi matin.

« Et vite, il faut te dire que Julie n'a pas trop mal dormi cette nuit, malgré le tambour qui a battu pour appeler des soldats logés dans le quartier.

« La pauvre petite est toute vigourette et me dit de t'écrire qu'elle espère bien se passer de ton bras quand tu seras de retour. Elle mangera des laitues farcies à son dîner. Je te répète que Julie n'est pas trop mal en train. Sois tranquille, les nouvelles ne te manqueront pas, je te trouve trop à plaindre à douze lieues d'elle. Brûle mes lettres, surtout celle-ci, trop triste pour rester sous tes yeux.

« Ta bonne tante m'a bien recommandé de te dire mille choses. Combien elle t'aime! quel cœur! quelle vivacité! Elle a pris ta place cette nuit auprès de Julie.

« Adieu; ton fils t'embrasse; ne t'ennuie point à me répondre, écris à ta femme.

« ÉLISE. »

« Mardi soir.

« L'après-midi s'est passée comme celle d'hier; quelques visites l'ont distraite; elle est admirable dans son état si triste et si douloureux. A sa place, je me désolerais du matin au soir, mais la pauvre petite a tant de fermeté qu'elle cache toujours ses larmes. Je quitte la chambre quand je vois ses efforts. Elle était un peu plus oppressée ce soir qu'à l'ordinaire, et pourtant elle a voulu que j'allasse dormir tranquille. Mais, comment dormir! Tu sauras demain des nouvelles.

« Je te dis tout, l'idée de te cacher la moindre chose ne m'est pas même venue. »

« Du mercredi.

« Cette fois ce n'étaient pas les tambours qui l'ont agitée, mais de l'oppression et un peu de fièvre !

« Cependant, la journée a été assez bonne, elle a demandé pour son dîner un peu de bœuf à la mode, qu'on lui a donné après avoir tenu conseil. Elle en a mangé si peu, ce n'était qu'un goût de malade.

« La pluie est enfin venue ; elle respire un air plus frais ; puisse ce changement lui être salutaire, et Dieu veuille que tous ceux qui lui répétaient sans cesse : « Ce temps-là est vrai-
« ment bien contraire à votre situation, » n'en-
filent pas une litanie sur l'humidité comme sur le temps trop sec. La pauvre petite verra peut-être que les jours frais ou chauds ne changent rien à son état. Elle vient de me dire tout à l'heure qu'elle avait bien sommeil. »

« Jeudi matin.

« Elle a ressenti de la fièvre et a·mal dormi. Sur les dix heures du matin, elle s'est un peu reposée. Je viens de lui lire ta lettre et je me hâte d'achever celle-ci pour te l'envoyer.

« Je romps toutes mes phrases et ne sais ce que je dis; brûle encore celle-là.

« Ton fils joue dans ce moment sur le lit de sa mère. Adieu, mon pauvre Ampère; voilà vraisemblablement la dernière lettre que je t'écrirai.

« ÉLISE. »

D'ANDRÉ A JULIE.

« Bourg.

« Chère Julie, je n'ai plus à délibérer : la réponse du conseiller d'État Fourcroy est arrivée hier. Il remercie les professeurs de leur zèle et les invite à cesser leurs fonctions, pour lesquelles le gouvernement ne peut plus leur tenir compte de rien absolument.

« Tout le monde est d'avance si persuadé de mon prochain départ, qu'on a fait inventaire de mon cabinet de physique.

« MM. Dupras et Olivier ont pris aussi leurs

17

arrangements en conséquence. Je ne puis rester sous aucun prétexte, quand je le voudrais, à moins de faire dire que je ne sais où trouver de quoi manger. Il faut partir ; je t'embrasserai dans quelques jours ; je n'ai plus rien à faire que cet inventaire et mes paquets. Je vais vivre auprès de ma Julie pour toujours, quel bonheur ! Si tu ne reçois plus de lettres de moi, c'est que j'irai encore plus tôt ou que je mettrai tout mon temps aux préparatifs du voyage.

« Mme de Lalande a écrit de Paris à une dame de Bourg qu'elle savait de bonne part que MM. Clerc et Mermet étaient placés à Moulins et moi à Lyon. Mon amie, mon amie, nous ne nous quitterons plus.

« A. AMPÈRE. »

D'AMPÈRE A M. DELAMBRE.

« De Bourg, le 13 germinal an II.

« Monsieur,

« Cette lettre ne devrait être pleine que des remercîments que je vous dois, et pour la place que vous me destinez, et pour la promesse que vous m'avez faite de présenter à l'Institut mon mémoire sur l'*Application à la mécanique des formules du calcul des variations*. La copie que j'en ai fait faire, parce que j'écris trop mal, a exigé plus de temps que je n'aurais cru. Celui qui s'en est chargé sachant peu de mathématiques, il a fallu corriger beaucoup de fautes ; c'est pour cela que je n'ai pu vous le faire remettre plus tôt.

« J'ai un autre service à vous demander, monsieur. Je me flatte que vous ne me refuseriez pas de remplacer les trois exemplaires erronés de mon mémoire sur la *Théorie mathématique du jeu,* qui sont à la bibliothèque de l'Institut, et entre les mains du président et de M. de Laplace, par les trois exemplaires corrigés que vous trouverez dans le paquet joint à cette lettre. Je mets aussi dans le même paquet un quatrième exemplaire.

« Si vous parlez de moi à M. de Lagrange, comme vous me l'avez fait espérer, auriez-vous la complaisance de le lui remettre comme un hommage de mon admiration. Je n'oserais l'offrir à ce grand homme si vous ne daigniez être mon interprète.

« Je vous demande mille pardons, monsieur, de tout l'embarras que je vous cause ; il faut

que je compte bien sur votre indulgence. Mon
mémoire, à la vérité, a obtenu votre suffrage
dans une lecture rapide à la Société d'émulation
de Bourg ; mais je ne sais s'il pourra supporter
un examen plus sévère. Peut-être ai-je mal fait
de m'y servir d'une formule de mon invention,
qui se trouve dans le petit mémoire que je vous
avais remis à Lyon. J'ai toujours regardé cette
formule comme de peu d'importance, mais elle
n'a pas laissé de m'être très-utile pour simpli-
fier le calcul dans l'endroit où je l'ai employée.
Comme j'ai à présent plus de temps libre que
je n'en ai eu de ma vie, j'ai commencé un troisième mémoire, dont le sujet me fait espérer
quelque chose de mieux que ce que j'ai fait
jusqu'à présent. Quel prix plus flatteur pourrais-je attendre de mon travail, si je voyais un
jour quelques-uns de mes petits ouvrages insé-
rés, en tout ou par extraits, dans le recueil où
l'Institut réunit des mémoires de savants qui
lui sont étrangers? C'est à vous, monsieur, *præ-
sidium et dulce decus meum,* que je devrais cet
avantage inappréciable ; ce sont les éloges que
vous avez eu la bonté de me donner qui ont
excité en moi le désir de les mériter.

« Permettez-moi, monsieur, de vous renouveler mes remercîments de tout ce que vous avez bien voulu faire pour moi, et daignez agréer l'hommage d'une éternelle reconnaissance.

« A. AMPÈRE. »

Cette dernière lettre, écrite au savant examinateur Delambre par André, la veille du départ définitif de Bourg, nous apprend enfin la réalisation de ses vœux; il est nommé au Lycée de Lyon. De plus, toutes les vicissitudes du fameux mémoire sur la *Théorie du jeu* sont terminées et les exemplaires erronés vont être remplacés. A ce propos, nous avons vu avec quelle anxiété le pauvre Ampère s'est reproché la faute qu'il a commise en ne corrigeant pas assez attentivement son ouvrage. Cette négligence a pris à ses yeux les proportions d'un véritable désastre; il a tremblé en recevant la lettre du grand mathématicien Laplace; sa carrière lui a semblé perdue à jamais.

A cette nature impressionnable, combien la nature de sa femme était salutaire! En amour, le cœur de Julie connaissait aussi l'exaltation; mais dans les habitudes ordinaires de la vie, elle cherche constamment à ramener au calme et à la réalité ce cerveau de génie qui s'élance, sans transition aucune, d'un compte de blanchisseuse aux plus hautes abstractions scientifiques, des plus minutieux détails à la nouvelle découverte qui doit l'immortaliser, ou bien d'une méditation religieuse à l'expression de sa tendresse passionnée. Chez André, la puissance de l'émotion est telle, qu'il ressent avec une vivacité incroyable la douleur d'une infortune particulière ou le malheur d'une catastrophe historique, quel que soit le nombre des années qui l'en séparent; on l'a vu pleurer de vraies larmes à l'idée des événements qui ont retardé la marche de la civilisation dans d'autres siècles, comme s'il en avait été témoin ou victime lui-même.

Partout on sent la peine que coûte à ce puissant esprit la préoccupation des questions pratiques. Malgré ses vertueux efforts, il ne peut rester longtemps sur la terre; partout la poésie déborde ou la science l'entraîne. L'amoureux, le penseur, l'inventeur reparaît, en dépit de la dure nécessité qui le presse de gagner le pain quotidien de sa femme et de son enfant.

Un seul sentiment transforme et fixe cette imagination de feu : c'est l'inquiétude qu'il éprouve pour la santé de sa Julie! Sur ce sujet, point de distractions. Nous avons sous les yeux des pages entières qui témoignent d'une sollicitude qui ne s'endort jamais; des ordonnances, des recommandations se renouvellent, se succèdent incessamment dans les termes techniques les plus prévoyants. Il pense à tout; c'est une véritable sœur de charité au chevet d'un malade; un médecin pourrait signer sans se compromettre certaines recettes de potions calmantes ou d'onguent bienfaisant, transcrites à douze lieues de distances par ce jeune mari, que tant de labeurs accablent et empêchent de dormir.

Avec quel profond respect on suit André pas à pas dans la voie des sacrifices de tout genre, offerts à celle qu'il nomme sa bienfaitrice! Le sacrifice qui pèse le plus à son cœur, c'est la séparation ; mais, en comptant toutes ces heures perdues à donner d'arides leçons et dérobées ainsi à des travaux précieux, on souffre plus que lui (car il ignore ses dévouements) à la vue de tant d'inexorables devoirs qui enchaînent son génie et mettent cette superbe intelligence au service du premier écolier venu, qui pourra payer 9 à 12 francs par mois un pareil professeur.

Encore quelques lignes éparses tracées de la

main d'André, sous forme de journal, viennent marquer ici comme les dernières stations du calvaire qu'il monte avec Julie jusqu'au 14 juillet 1803.

17 avril, dimanche de Quasimodo. — Je reviens de Bourg pour ne plus quitter ma Julie.

14 mai, samedi. Saint Polycarpe. — Nous fûmes à Polémieux.

(Julie peut encore se transporter à la campagne de sa belle-mère.)

15, dimanche. — Je fus à l'église de Polémieux pour la première fois depuis la mort de ma sœur.

(Il parle de sa sœur aînée, morte très-jeune.)

19, jeudi, fête de l'Ascension. —Grand'messe à l'église de Polémieux. Triste tête-à-tête du chemin.

(On se figure aisément la douleur du mari soutenant la pauvre mourante.)

20, vendredi. — Arrivée de M. Carron.

21, samedi. — Promenade dans le jardin. Julie bien malade.

22, dimanche. Sainte Julie. — Je partis le soir, je laissai Julie bien fatiguée. Je revins auprès d'elle après avoir demandé l'adresse de M. Lambert.

(M. Lambert est un ecclésiastique.)

24, mardi. Sainte Jeanne. — Nous partîmes par la diligence. Julie embrassa son frère.

(André et sa femme quittent Polémieux pour aller à Colonges, tout près de Lyon; c'est là qu'elle va cesser de vivre.)

28, samedi, veille de la Pentecôte. — Je parlai pour la première fois à M. Lambert un instant dans son confessionnal.

30, lundi. — Je partis de Colonges, quittant Julie avec l'espoir de revoir M. Lambert.

31, mardi. — Mon espérance fut encore trompée.

1er juin, mercredi. — Je fus trop tard chez M. Lambert, à cause de Saint-Didier et de Ricussec.

5, dimanche. — Je partis de Bellerive pour revenir lundi.

6, lundi. — *Absolution.*

7, mardi. Saint Robert. — Ce jour a décidé du reste de ma vie.

14, mardi. — On me fit attendre le petit-lait à l'hôpital; j'entrai dans l'église d'où sortait un mort. Communion spirituelle..., visite chez M. Vitet. Voyage à Polémieux pour des genêts.

29. — Voyage à Polémieux pour de la Bryonne.

Juillet, 4, lundi. — Messe du Saint-Esprit.

5, mardi. — Première leçon au Lycée de Lyon.

7, jeudi. — M. Petetin supprima le vin de Bryonne.

8, vendredi. — Je fus chercher M. Brac au pont.

(M. Brac est un autre médecin.)

9, samedi. — Le matin Julie bien malade.

Je priai M. Mollet de me remplacer au lycée.
M. Petetin fit tout continuer, malgré le nouveau symptôme.

10, dimanche. — M. Petetin supprima l'*al-
kekenge*. Le nouveau symptôme ne se soutint
pas.

11, lundi. Sainte Élisabeth. — Je fus consulter M. Petetin, qui ordonna les emplâtres
et le vin de Bryonne de deux en deux heures.

12, mardi. — Julie prit le matin, de ma main,
une cuillerée de vin de Bryonne. A trois heures,
je fus chez M. Petetin pour délibérer sur les
scarifications. A cinq heures, il revint avec
M. Martin.

13, mercredi. — A neuf heures du matin :

« Multa flagella peccatoris; sperantem autem
in Domino misericordia circumdabit.

« Firmabo super te oculos meos et instruam
te in via hac qua gradieris.

« Amen. »

Suit une prière, écrite sans doute aux suprêmes limites de ses anxiétés.

« Mon Dieu! je vous remercie de m'avoir créé, racheté et éclairé de votre divine lumière en me faisant naître dans le sein de l'Église catholique. Je vous remercie de m'avoir rappelé à vous après mes égarements; je vous remercie de me les avoir pardonnés. Je sens que vous voulez que je ne vive que pour vous, que tous mes moments vous soient consacrés. M'ôterez-vous tout bonheur sur cette terre? Vous en êtes le maître, ô mon Dieu! mes crimes m'ont mérité ce châtiment. Mais peut-être écouterez-vous encore la voix de vos miséricordes. »

« Multa flagella peccatoris; sperantem autem in Domino misericordia circumdabit. — J'espère en vous, ô mon Dieu! mais je serai soumis à votre arrêt, quel qu'il soit; j'eusse préféré la mort. Mais je ne méritais pas le ciel, et vous n'avez pas voulu me plonger dans l'enfer. Daignez me secourir pour qu'une vie passée dans la douleur me mérite une bonne mort dont je me suis rendu indigne.

« O Seigneur! Dieu de miséricorde! daignez me réunir dans le ciel à ce que vous m'aviez permis d'aimer sur la terre. »

Un mot d'Élise nous confirme le malheur d'André.

« Mon bon Ampère, je sais qu'il n'est plus doux de s'occuper de soi. que tout est égal, aussi n'est-ce pas pour toi que je t'en prie.

« Ne penses-tu pas. comme moi, que cette ombre chérie voltige autour de nous. s'intéresse encore à ceux qui lui étaient si chers? je l'appelle si souvent !

« La nuit, je crois l'entendre ; j'écoute, et si ce n'est elle, c'est quelque chose d'elle-même qui me dit : Je suis là, calme ta peine, nous nous reverrons.

« Ah! mon pauvre Ampère! nous avons tout perdu l'un et l'autre; je ne chercherai pas à me consoler; l'idée de l'oublier me révolte et je ne peux souffrir que ceux qui m'en parlent. Le jour qui me réunira à celle que j'ai chérie sera heureux. Pauvre petite ! sais-tu qu'elle m'a serré la main droite; je la sens encore, elle me regarda, je pleurai et je me sauvai pour bien longtemps peut-être.... puisqu'on ne meurt pas de douleur.

« Mais il faut absolument te soigner; consulte M. Brac; n'ajoute pas à mon chagrin celui de savoir l'ami de ma Julie malade, isolé, abandonné; ton fils. pauvre petit, est aussi bien qu'il peut être sans elle. Adieu, adieu. Peut-être

un jour pourrai-je t'en parler sans contrainte.
Ils disent que j'ai tort de t'en rappeler le souvenir. Adieu, adieu.   « ÉLISE. »

Tout est fini, Jean-Jacques est orphelin. Il a
perdu cette mère dont il était la joie, l'orgueil,
le soleil, cette mère qui dit, en parlant de son
enfant : « C'est lui qui ramène autour de nous
la gaieté ; ses petites grâces, son petit langage,
enveloppent le passé, l'avenir et le présent lui-
même dans un voile couleur de rose qui nous
éblouit aussi longtemps que ses gentillesses
durent. Combien il est doux d'entendre louer
ses enfants, ajoute-t-elle, et comme cette satisfaction doit être plus complète lorsqu'ils grandissent et qu'on peut remarquer en eux des
vertus ou des talents que vous leur avez inspirés ! » Elle dit encore à son André, la pauvre
Julie, qui bientôt n'existera plus : « Oh ! oui,
nous deviendrons heureux ! notre petit restera
longtemps jeune et gai ; un jour, dans quelque
petite campagne que nous ferons bien cultiver,
nous serons paisibles. Songeons aux vendanges ;
mon mari, mon fils près de moi m'empêcheront d'être malade. »
Son fils, hélas ! chère Madeleine, en était

désormais séparé pour toujours, encore plus malheureux que toi, car tes six ans et demi n'avaient rien oublié. Son cœur, sa mémoire de trois ans ne pouvaient conserver ni le souvenir ni l'image de celle qui venait de le quitter.

Mais comme à toi, Dieu voulut réserver à l'enfant d'André un pieux héritage, les lettres de sa mère. En les lisant plus tard, il devait apprendre à la chérir et à la vénérer; cette correspondance, religieusement gardée par notre ami jusqu'à sa mort, nous fut remise sous le même cachet que celle de son père. De tous les papiers innombrables qu'il confiait à notre affection, ceux-ci n'étaient pas les moins précieux et c'est avec une émotion pleine de respect que j'ai lu et relu vingt fois ces touchantes archives de famille.

Bien souvent j'avais écouté le récit des vertus que je devais retrouver là. Notre ami, en parlant de son père, se reprochait de ne s'être pas assez exclusivement consacré à celui qu'il regrettait; mais combien est rassurante à ce sujet la correspondance d'André et de Jean-Jacques, qui commence en 1811, au moment de la première communion de l'écolier, et finit en 1836, terme fatal de l'existence de l'illustre savant!

Quelles preuves de confiance, de tendresse, de dévouement et d'admiration réciproques, se donnent sans cesse ces deux hommes aimants et remarquables! Vingt-cinq années de différence existaient à peine entre eux, et cette différence d'âge fut bien vite comblée par l'inaltérable jeunesse de cœur d'André et l'intelligence précoce de Jean-Jacques. André et Julie n'étaient pas complétement disparus de la terre puisqu'ils avaient légué leur àme à ce fils, héritier d'un merveilleux esprit. La pauvre mère, qui jouissait à l'avance des vertus et des mérites de son enfant, ne put voir ses espérances réalisées; mais le grand Ampère, plus jaloux de la renommée pour un autre que pour lui-même, dut les plus vrais bonheurs de sa vie aux succès de Jean-Jacques. Pourtant à ces heures de triomphes paternels, que de fois le souvenir de l'absente dut se réveiller plus poignant que jamais! ces triomphes, Julie ne les partageait pas !

Un jour, chère Madeleine, si la Providence te permet de posséder et de garder un fils, offre-lui ce manuscrit de la part de sa vieille bisaïeule. Méditant sur l'existence que ces lettres racontent. et comparant les fortunes diverses qui attendent les hommes à la fin de l'adolescence, au seuil de la jeunesse. cette grand'mère a souhaité plus d'une fois à son arrière-petit-enfant quelques-unes des vertus d'André.

On ne demande pas à Dieu le génie pour son fils ; tant d'orgueil ne toucherait point sa bonté ; mais on peut désirer ardemment, pour celui qu'on chérit. des facultés heureuses. développées, gouvernées par une âme pure et forte.

Entre la vie attrayante et souvent trop facile que nous fait la richesse, ou bien les devoirs sévères que le travail et le dévouement imposèrent à André Ampère, je ne choisirais pas la tâche la plus molle.

André n'a point dépensé ses veilles en plaisirs. Un sentiment unique, profond, remplissait son cœur; ses joies d'affection où le sacrifice avait tant de part ne furent jamais gâtées par la satiété; la vivacité. la réalité de ses naïfs bonheurs, eussent pu faire envie aux heureux de la terre. Il vivait en dehors de lui-même pour deux êtres auxquels il rapportait tout; même l'espérance de sa gloire dont il avait dès lors de temps en temps le pressentiment. Soumis à la loi de Jésus-Christ, ce n'était pas seulement par ses croyances. Il aimait et honorait Dieu par ses œuvres laborieuses; il accomplissait naturellement, simplement les pratiques de ses devoirs religieux. Ce grand cœur, ce grand esprit, malgré le génie dont il fit un si bel usage, reconnaissant les misères de notre humaine nature, écrivait en septembre 1805, quinze mois après la mort de Julie, cette dernière méditation :

« Septembre 1805.

« Défie-toi de ton esprit ; il t'a si souvent trompé! Comment pourrais-tu encore compter sur lui? Quand tu t'efforçais de devenir philosophe, tu sentais déjà combien est vain cet esprit qui consiste en une certaine facilité à produire des pensées brillantes. Aujourd'hui que tu aspires à devenir chrétien, ne sens-tu pas qu'il n'y a de bon esprit que celui qui vient de Dieu? L'esprit qui nous éloigne de Dieu, l'esprit qui nous détourne du vrai bien, quelque pénétrant, quelque agréable, quelque habile qu'il soit pour nous procurer des biens corruptibles, n'est qu'un esprit d'illusion et d'égarement.

« L'esprit n'est fait que pour nous conduire à la vérité et au souverain bien.

« Heureux l'homme qui se dépouille pour être revêtu ! Qui foule aux pieds la vaine sagesse pour posséder celle de Dieu, méprise l'esprit autant que le monde l'estime. — Ne conforme pas tes idées à celle du monde, si tu veux qu'elles soient conformes à la vérité.

« La doctrine du monde est une doctrine de perdition. — Il faut devenir simple, humble, et entièrement détaché avec les hommes; il faut devenir calme. recueilli et point raisonneur avec Dieu.

« La figure de ce monde passe. Si tu te nourris de ses vanités, tu passeras comme elle. — Mais la vérité de Dieu demeure éternellement; si tu t'en nourris, tu seras permanent comme elle. — Mon Dieu ! que sont toutes ces sciences, tous ces raisonnements, toutes ces découvertes du génie. toutes ces vastes conceptions que le monde admire et dont la curiosité se repaît si avidement ? En vérité, *rien*, que de pures vanités.

« Étudie cependant. mais sans aucun empressement.

« Que la chaleur déjà à demi éteinte de ton

âme te serve à des objets moins frivoles. —
Ne la consume pas à de semblables vanités.

« Prends garde de ne te pas laisser préoc-
cuper par les sciences comme ces jours passés.

« Travaille en esprit d'oraison. — Étudie les
choses de ce monde, c'est le devoir de ton état;
mais ne les regarde que d'un œil ; que ton autre
œil soit constamment fixé par la lumière éternelle. Écoute les savants, mais ne les écoute
que d'une oreille. Que l'autre soit toujours prête
à recevoir les doux accents de la voix de ton
ami céleste.

« N'écris que d'une main. — De l'autre,
tiens-toi au vêtement de Dieu comme un enfant
se tient attaché au vêtement de son père. —
Sans cette précaution, tu te briserais infaillible-
ment la tête contre quelque pierre. — Que je
me souvienne toujours de ce que dit saint Paul :
« Usez de ce monde comme n'en usant pas. »
Que mon âme, à partir d'aujourd'hui, reste
ainsi unie à Dieu et à Jésus-Christ.

« Bénissez-moi, mon Dieu. »

André a souffert, travaillé, lutté ; mais de ces
travaux, de ces souffrances, de ces luttes, un
homme est sorti vainqueur, un homme d'une

intelligence à la hauteur de laquelle il est difficile de s'élever sans doute, qui nous montre l'exemple de courageux efforts, d'une persévérance à toute épreuve, d'une absence absolue de besoins factices, d'un curieux et respectueux amour de la science et de la vérité sans outrecuidance.

Jeunes gens, au récit des travaux de cet homme, inclinez votre front.

Mais s'il vous est donné de pénétrer dans l'intimité de cette âme honnête, droite, humble. bonne, généreuse et tendre, baissez plus bas la tête. et découvrez-vous.

FIN.

PARIS. — IMPRIMERIE DE J. CLAYE, RUE SAINT-BENOIT, 7. — [645